The Brainy Bunch:
The Harding Family's Method to College Ready by Age Twelve

Kitchener Harding and
Mona Lisa Harding

学校に通わず
12歳までに
6人が大学に入った
ハーディング家の子育て

キッチナー・ハーディング
モナ・リサ・ハーディング
向井和美 訳

紀伊國屋書店

Kitchener Harding and Mona Lisa Harding
The Brainy Bunch:
The Harding Family's Method to College Ready by Age Twelve

Published by arrangement with the original publisher,
Gallery Books, a Division of Simon & Schuster, Inc.
through Japan UNI Agency, Inc., Tokyo

1986年12月26日、モナ・リサ・モントーヤとキップ・ハーディングの結婚式。
ともに18歳だった。

1992年、キップがヘリコプターの
飛行訓練を受けていた
アラバマ州フォートラッカーで。
左からセリーナ（1歳）、ハンナ（4歳）、ロザンナ（2歳）。

ハンナ、19歳。
ヘイワードのカリフォルニア州立大学
イーストベイ校で、数学の修士号を取得。

この写真は、ロザンナがサンフランシスコの
カリフォルニア美術大学（CCA）に願書を送る際、
同封したもの。15歳のとき大学3年生として
編入を許可された。

ヒース。
10歳半でフットヒル大学へ初登校。
とても幼く見える！

グランドキャニオンにて。
左からヒース、ハンナ、セス、
ロザンナ、キース。

2005年5月27日、
8番目の子マリアンナ・プリシラ誕生。

METRO

Covering Montgomery, Autauga

Serennah Harding, 17, will graduate today from Huntingdon College. She has been busy applying to medical school.

Teen graduates from college

By Darryn Simmons

This weekend, most 17-year-olds are contemplating plans for a summer job and getting ready for college.

Serennah Harding is getting ready to wrap up her college career.

Harding will be graduating Huntingdon College today with a bache-

Serennah's brother, Heath, entered Huntingdon at age 11 this past fall. She has two older sisters — Hannah, 20, who has a master's degree in mathematics and teaches at Auburn Montgomery, and Rosannah, 18, is completing a five-year architecture program at California College of the Arts.

While some have concerns about home-schooled kids' social skills, Se-

Serennah is now applying to med-ical schools in Georgia and Arizona. She then plans to be a missionary.

"I just really enjoy helping people with the greatest need, and there's so much work to be done," she said.

Mona Lisa Harding views her children's success as proof that the homeschooling method works.

"Everyone worries about their social skills, but we're showing the

2008年、セリーナの記事が
新聞に掲載される。

ロザンナ、16歳。
サンフランシスコのCCAでの授業初日。

ロザンナ、18歳。2007年12月にCCAの建築課程を優秀な成績で卒業し、学士号を取得。

左からハンナ、セリーナ、ロザンナ。2008年5月、セリーナの卒業式。
17歳でハンティンドン大学の微生物学課程を修了し学士号を取得。

2005年。左からセス、ヒース、キース。
悪いものは「見ざる、聞かざる、言わざる」。

2013年、アメリカ建築家協会（AIA）
最年少の会員として招待されたロザンナ。
元国務長官コリン・パウエルと。

2007年、感謝祭の物語を子どもたちに読み聞かせるキップ。

パソコンで学習ゲームをする幼いキースと、
夢中で見ているカトリーナ。
ふたりとも真剣に勉強中。

キース、13歳。
アメリカンフットボールの試合で演奏。

ヒース、17歳。

愛用のバイオリンを手にしたキース。14歳。

セス。11歳で高校課程を修了。

キップは家族を海に連れていくのが大好き。
「よく働き、よく休む」。父親とはかくあるべし。

フィラデルフィア・オステオパシー医科大学を
22歳で卒業したセリーナ。

ロザンナの誕生日は夏で、クラスメートに配るカップケーキを
学校に持っていけなかったため、
わが家では“ハーフバースデー”を設けた。
機会を見つけてはお祝いし、ケーキを焼く。
写真は5歳半になったロリーナ。

ホームスクール大会でパワーポイントを使って発表し、
子どもたちはブースでの質問に喜んで対応した。
わが家のウェブマガジンと教育相談も紹介。

サンダー・ジェームス。
2010年3月28日生まれ。

メディカルスクール卒業時の晩餐会に
セリーナをエスコートするキップ（2013年5月）。

2013年5月、家族全員で。

口絵写真：著者提供

学校に通わず12歳までに6人が大学に入ったハーディング家の子育て

わが家族に愛情を注ぎ、子どもたちを見守り、
女のなかの女でいてくれるシラおばさん、
叔母のミミ、いとこのモーリーに捧ぐ。

ハーディング一家

モナ・リサ

キッチナー・ロペス

セス
（12歳）
ハンティンドン大学で
歴史を専攻

カトリーナ
（10歳）

マリアンナ
（8歳）

ロリーナ
（5歳）

サンダー
（3歳）

ハンナ
（25歳）
エンジニア

ロザンナ
（23歳）
アメリカ建築家協会
最年少の建築家

セリーナ
（22歳）
アメリカで
最年少の
女医のひとり

ヒース
（17歳）
コンピュータ・
サイエンスで
修士号取得後、
起業準備中

キース
（15歳）
フォークナー大学で
音楽を専攻

＊本文中の傍注（＊1〜36）、および〔　〕内の注記は訳注です。
＊本文中の聖書の引用は、日本聖書協会『聖書　口語訳』を使用しました。

序文

わが州において、子どもを教育する権利を親に与えるための闘いが法廷で始まった二五年前、ホームスクーリングがこれほどの成果をもたらすことになるとは、だれも予測できなかった。アレックス・ハリスとブレット・ハリスという双子のきょうだい［*1］は、一六歳のとき、アラバマ州最高裁判所で研修生《インターン》としてわたしの力になってくれた。そして、その経験から、ふたりは『難しいことをしよう（*Do Hard Things*）』という本を出版することになった。若者に期待しようとしない社会に対して従順になるな、と同世代に呼びかける本だ。そして今回、ハーディング一家は、親が子どもたちひとりひとりに合わせた教育を家庭で施せば、きわめて早い時期に大きな成果を上げられることを示してくれた。公教育が相変わらず危機的状況にあって、しかるべき結果を出せていないこの時代、わが子に最善の教育を施したいと模索する、誠実で愛情深い親たちに、本書をぜひとも読んでいただきたいと思う。

アラバマ州最高裁判所　判事　トム・パーカー

*1　ホームスクーリングで育ち、現在はティーンエイジャー向けウェブサイトを主宰している。

はじめに

温室効果

子をその行くべき道に従って教えよ。そうすれば年老いても、それを離れることがない。

――「箴言《しんげん》」第二二章六節

本書は天才児たちの話ではないし、子育てにやっきになっている両親の話でもない。むしろ、ごくふつうの男女が高校で出会い、やがてすばらしい子どもたちに恵まれるラブストーリーだと言ったほうがいいだろう。ある面、これは信仰の話であり、信仰に支えられてわたしたち夫婦がどんな子育てをしてきたかを語る話だ。そして別の面から見れば、平均的な知能の子どもたちに夢を持たせ、それぞれの夢を開花させる話でもある。わたしたち家族に生を与え、ホームスクーリングという卓越した制度を作り出してくれた神に感謝したい。わたしたちは、ホームスクーリングがもたらしてくれる幅広い可能性を知ってもらうことで、読者に何かを感じてほしいと心から願っている。

わたしたちがどんな家族で、どういう方法によってここまで来たかを伝える前に、まずは、なぜ子どもたちを家庭で教育することになったのかを話したい。ホームスクーリングという言葉には、ともすれば悪い印象がつきまとうことは知っている。しかしそんな事情も、この二、三〇年でずいぶん変わってきた。

わたしたちが最初にホームスクーリングを始めた一九九七年には、現在わが家で使っているようなオンラインの教材はどれもまだ利用できなかった。だから、親が教材を探し出して、好奇心旺盛な子どもたちの疑問すべてに自力で答えなければ、と意気込んでいた。今では、子どもたちの質問に答えられないときはこう言う。「あら、それはすごくいい質問ね」。そして、わたしもぜひ答えが知りたいからグーグルで調べて教えてほしいと伝える。すると、彼らはたいてい何分かしてから、実に興味深い情報をたずさえてきてくれる。たとえそれが、親にとってさほど関心のない分野だったとしても、子どもたちが新しい知識を得て目を輝かせているのを見ると、わくわくしてくるものだ。

子どもたちは毎日なにかしら親に教えてくれながら、自分自身で答えを見つける方法を学んでいく。家庭での教育だけではなにかが足りないのでは、と心配する必要などない。親として欠かせないのは、インターネットにアクセスできるようにし、良質の本を与えてやり、子どもたちを見守ることだけだ。

すぐに入手できる教材は驚くほどたくさんそろっている。ホームスクーリングのためのツールやその方法については、あとで述べることにしよう。ここではまず、わたしたちが（そして多くの家族――二〇一三年には二〇〇万人以上の子どもたちが！）ホームスクーリングを選んだおもな理由を一一挙げてみたい（ホームスクーリングに関するデータは、www.topmastersineducation.com/homeschooled/による）。

1　アメリカの学校では、ジョン・テイラー・ガット［*2］が著書で述べているように、〝バカを作る〟やりかたが横行している。公立校でも、そしておおかたの私立校でも、自分のペースで学ぶことは許されない。授業に退屈する生徒が多いのは、教師がクラスの中間レベルの子に合わせて教えなければならないからだ。先に進みたい生徒がいても、その子に合わせて進度を速めることはできないし、遅れている生徒がいても、わかるまでていねいに教えている時間はない。

2　アラバマ州セルマのような都市では、高校を卒業できない生徒が四〇パーセントもいる。今や、公立学校のシステムは破綻している。嘘だと思うなら、『スーパーマンを待ちながら』というドキュメンタリー映画［アメリカの学校教育の問題点を取りあげた二〇一〇年制作の映画］を観てみるといい。私立の小学校に通い、のちに高校で数学と理科を教えた経験があるわが家の長女は、二〇人以上も生徒がいる教室で実際に学べる内容はわずかしかないのに比べて、自分が一対一で受けた家庭での教育がどれほど質の高いものだったかよくわかると言う。

3

わたしたちは、キリスト教の世界観と天地創造を信じている。インテリジェント・デザイン〔世界は〝知性ある設計者〟によって創造されたとする説〕を裏づける科学的根拠もあると信じている。国が一元的な理論だけを学ばせようとすれば、意見の多様性や成長の機会を子どもから奪ってしまう。

4

学校のなかで祈る権利が、いたるところで脅《おびや》かされている（その権利がすでに奪われたところも多い）。しかし、この権利は現在でも憲法で保障されているのだ。ホームスクーリングを行なう家庭の三六パーセントが、わが子に宗教を教えることは最大の関心事だと言っている。

5

同じ年齢の子だけを集めて教育をすると、実社会に適応するための社会性はうまく身につかないし、周囲と同じ行動を取らなければ、というプレッシャーも感じやすくなる。この世界

*2 『バカをつくる学校』（邦訳：成甲書房）の著者。アメリカの公立校で三〇年間教えた経験をもとに、義務教育を痛烈に批判している。

は、同年齢の仲間だけで動いているわけではない。社会に出ればさまざまな年齢の人たちと出会うのだ。わが家では、あらゆる年齢の人たちと交わるすべを子どもたちに教えたいと思っている。ホームスクーリングで育った子は仲間への依存心が少なく、そのぶん社会に馴染みやすい。

6 わたしたち夫婦は、ふたりとも公立の学校制度で教育を受けてきたので、ただじっと座っていたり、一列に並ばされたり、抽象的な概念ばかりを繰り返し学ばされたりすることがどれほど時間の無駄か、よくわかっている。長女は私立学校に四年間通っていたが、片道四五分もバスに乗っていなければならなかった。家でなら、昼食までに勉強を終え、午後には自分の好きな本を読んだり、遊んだり、野外学習をしたり、家族の絆を強めたりすることができる。宿題もないので、父親が帰宅してから子どもの勉強を見る必要もない。

7 学校での銃乱射事件に巻き込まれたり、いじめや暴力を受けたりする心配がない。こうしたことはメディアでも最近よく話題になっており、親ならだれでも恐ろしい思いをしているはずだ。

8 わが家の子どもたちがすでに一七歳や一五歳で大学を卒業している今となっては、もはや引き返すことはできない。たとえ私立の学校へ行ったとしても、これほどの結果は出せなかっただろう。このような成果は、子どもたちが一生懸命に勉強し、みずから望んで手に入れたものだ。

9 子どもたちひとりひとりの興味に合わせて、カリキュラムを自由に作ることができる。たとえば、ひとつの教科を徹底的にしかも大きなつながりのなかで学んでいくと、それがほかの教科にも関係しているのがわかってくる。ひとつの教科がほかの教科につながるその全体像がつかめれば、子どもは目に見えてよく理解するようになる。

10 ホームスクーリングは実際に効果を上げている。全国共通テストの結果、ホームスクールの子のスコアの平均は一〇〇人中一四番めに位置するレベル。ホームスクールでは七四パーセントの子が大学に進学しているが、一般の大学進学率は四九パーセントだ。また、この半年で一冊以上本を読んだ子の割合は、ホームスクールでは九九パーセントだが、そのほかの生徒では六九パーセントしかない。本書を読んでいただければわかると思うが、ホームスクーリングを通じて、子どもたちは目を見張るべきさまざまな成果を上げている。

11 自分の家以上に、安価で質のいい教育を施せる場所はない。ホームスクーリングでは、子どもひとりにつき一年に平均五〇〇ドルしかかからないが、平均的な公立校では生徒ひとりにつき一万ドル近くもの税金が支出され、しかもホームスクーリングほどの結果は出ていない。

〝温室効果〟とはなんだろう？　ためしに、自分の家を温室だと考えてみよう。そこに植えられた小さな苗木たちは根を張っていき、やがてたくましく大きな植物に成長する。じゅうぶんに成長し、外の土に移植しても生きていけるようになったら、温室から出すことができる。わたしたちは、わが家の〝小さな苗木たち〟が大学に行きはじめるまでの貴重な時間に、外の世界についてできるかぎり多くのことを教えている。

子どもたちは実にさまざまな質問をする。五歳の子に対する答えと、一〇歳の子に対する答えはかなり違う。「赤ちゃんってどこから来るの？」。五歳の子に対する答えと、一〇歳の子に対する答えはかなり違う。もしかしたら、この質問から生物学や心理学や社会学の話につながっていくかもしれない。それなのに、子どもが答えを求める相手が、教科書だったり、わが子のことをよく知りもしない過労で薄給の教師だったりしていいのだろうか。もっと悪くすれば、わたしたちがそうだったように、遊び場でほかの子たちから答えを聞いてくるかもしれないのだ。

そんなとき、親がそばにいてその子にふさわしい答えを与えられれば申し分がない。そのうえ、こうしたやりとりを通して親子の愛情や絆を深めることもできる。

本書は、わたしたちがホームスクーリングにたどり着くまでの道のりと、子どもたちとともにどんなふうに目標を達成してきたかを伝える話だ。ほかの人たちにわたしたちの真似をしてもらいたいとは思わないが、なんらかの励みになれば嬉しい。ひとりひとりが自分の夢を追い求めてほしいし、そのためには、早いうちに大学へ通うことも選択肢のひとつになりえることを知ってほしい。

わが家にとって、大学への早期入学はわたしたちが知るかぎりもっともよい選択だといえる。そして、それは努力と忍耐と信仰があってこそ達成できるものなのだ。

オンラインのサイト「教育ニュース」(www.educationnews.org/parenting/number-of-homeschoolers-growing-nationwide/)の二〇一二年五月の記事によると、家庭で教育を受ける児童は、一九九九年と比べて七五パーセントも増加しているという。ホームスクーリングで学ぶ子どもは、アメリカ全体では学齢期の子どもの四パーセントにすぎないものの、既存の教育ではなく家庭での教育を選択する親のもとで学ぶ子どもの数は、毎年、K-12[*3]を選択して小学校に入学してくる子どもの数に比べて、伸び率が七倍になっている。

*3 幼稚園《キンダーガーテン》から高校卒業までの教育期間を指す。アメリカでは五-三-四制や六-二-四制が一般的で、一年生から一二年生までの通し学年で呼ぶ。

きちんとした家庭にまさる学校はなく、道徳的な親にまさる教師はいない。

――マハトマ・ガンジー

第1章
家族の紹介

わが岩、わがあがないぬしなる主よ、どうか、わたしの口の言葉と、心の思いがあなたの前に喜ばれますように。
——「詩篇」第一九編一四節

わがハーディング家に電話をすると、もしかしたらこんなメッセージが流れるかもしれない。

こんにちは。こちらはハーディング家です。
工学のコンサルタントをお探しのかたは1を押してください。
建築に関するアドバイスが必要なかたは2を。
医学的なアドバイスをお求めのかたは3を。
コンピュータに関するお手伝いは4を。

娘さんの結婚式でバイオリン演奏をご所望のかたは5を。

バイキングの角《つの》付き兜《かぶと》について歴史的背景を知りたいかたは6を。

一〇歳児の視点から法律のアドバイスを受けたいかたは7を。

車のキーや携帯電話などの探しものを早く見つけたいかたは8を。

詩の朗読をお聞きになりたいかたは9を。

レスリングの相手をお探しのかたは0を。

ハーディング大学進学基金へ寄付をしてくださるかた、両親のキップあるいはモナ・リサと話したいかたは、発信音のあとにメッセージをお願いします。


できることなら、わが家は天才ぞろいで、子どもたちは聡明な両親から受け継いだ特別かつ比類なきDNAを持つ神童ばかりだ、と言いたいところだが、それは事実とはまったく違う。わたしたちはごくふつうの家族であり、子どもが一〇人いるありふれた家族だ。いや、もちろん子どもが一〇人いることは、それほどありふれてはいないかもしれない。いずれにせよ、もしホームスクーリングをしている大家族に会ったことがある人なら、わたしたち家族についてもすでに先入観をお持ちなのではないだろうか。「はじめに」で、わが家がホームスクーリングを始めた理由を挙げたのと同じように、ここでは、わが家族のありのままの姿を紹介しておきたい。

第一に、わたしたちはキリスト教徒だ。主イエスを心から敬愛しているし、子どもたちにも、まずはイエスを愛し、それからほかの人たちを愛するよう教えてきた。それこそ、わたしたちがなにより大事にしていることなのだ。

第二に、わたしたちは完璧ではない。しょっちゅう失敗をしている。ほかの人と同じようにけんかもする。ときには頭にきて怒鳴り合ったりもするが、許すことは知っている。わたしたちが神に許されてきたように、相手を許そうと努力している。

第三に、さきほども言ったように、わたしたちは天才ではない。みな、平均的な知能しか持っていないし、特別な遺伝子も持っていない。子どもたちが一二歳までに大学に入学できたのには、ふたつの理由がある。それは、神の恵みとわが子の教育に関するビジョンを得られたことだ。

第四に、これはぜひ知ってもらいたいが、われわれ夫婦は専門家ではない。どう教えればいいか、つねに試行錯誤を続けている。長女のときに試したことと、現在、末っ子にしていることとは違う。だから、「このリストのとおりにすれば、あなたのお子さんも一二歳までに大学に入れますよ」などとは言えない。けれども、ずっと続けてきたおおまかな方法はもちろんあるし、わが子たちの現在の姿（すぐあとで紹介する）を考えれば、かなり立派な結果を出してきたと言ってよいだろう。

最後となる第五に、わたしたちはだれかの力になりたいと思っている。ホームスクーリングについて知っていることを文章にし、人に伝える使命を感じるのだ。「申命記」第六章六～七節［*4］にあるとおり、キリスト教徒はわが子をできるかぎり手元に置いておこうとするようだ。子どもたちがわれわれのもとにつかわされたのは、このうえない恩恵であり名誉である。わたしたちは、わが子の教育を他人に任せたいとは思わない。子どものいる夫婦にとって、その子は短期間、自分たちに預けられた存在なのだ。その期間を手放し、一日に七時間も八時間も他人に預けるというのは、たとえクリスチャン・スクールであっても、子どもがごく幼い時期にはすべきことではない。

断定的な言いかたになってしまったが、わたしたちはこうした考えを支持している。わが家が暮らす地域ではさまざまな情報も入手できるし、子どもたちが幼くて影響を受けやすい時期には、親の手元に置いておくのが、キリスト教徒として神から授けられた責任だと感じている。ただ、ひとり親の家庭であれば、家庭での教育を望んだ場合に外からの手助けが必要となるのはしかたがない。

とはいえ、わたしたちも最初からそんなふうに思っていたわけではまったくない。少しずつそういう信念を持つようになったのであり、そのいきさつはこれから本書であきらかにしていく。わが家の上の娘たちは短期間、私立学校に通っていたことがある。実を言うと、わたしは子どもができたときからホームスクーリングをしたいとずっと思っていたものの、いざとなると、ほかの親と同じようにしなければ、というプレッシャーに負けてしまったのだ。やがて、長女のハンナが三年生になり、夫のキップが空軍の現役勤務に復帰したとき、わたしは働かなくてよくなったため、本来なら最初からすべきだったことを、ようやく始められるようになった。

当時わたしたちは、昔学校で習ったことを勉強し直していた。そして、今も勉強しつづけている。

わたしたち夫婦の歴史は、崩壊したふたつの家庭から始まった。キップは両親が離婚し、苦労の多い環境で育ったが、中学一年生からは叔母が母親がわりになってくれた。わたしは父を亡くして母子家庭で育ったが、一〇代後半で運命の男性に出会った。当時、わたしはカリフォルニア州サンノゼに住んでいた。キップから高校の卒業記念ダンスパーティーに誘われ、その数週間後にプロポーズされた。

わたしは、よきカトリック教徒の妻となるべく、自然家族計画法〔月経周期から排卵日を推定する避妊法〕の講座を受けた。カトリック教会が認める産児制限法はそれしかないと知っていたので、文字どおり、よきカトリック教徒になろうとしたのだ。正直に言うと、当時は一ダースもの子を持つのは怖かった。しかし、おもしろいことに、今祈っていることがまさしくそれなのである。つまり、あとふたり産んで子どもを一二人にしたいのだ。

＊4　「きょう、わたしがあなたに命じるこれらの言葉をあなたの心に留め、努めてこれをあなたの子らに教え、あなたが家に座している時も、道を歩く時も、寝る時も、起きる時も、これについて語らなければならない」

わたしの母は〝保守派〟のカトリック教徒だったので、娘が自然家族計画法を学ぶことにさえ反対した。真によきカトリック教徒、わけてもヒスパニックは神のお望みになる子すべてを産むべきだというのだ。まさしく母自身がそうしたように。わたしの信仰心はまだそこまで達していなかった。わたしは、この自然家族計画法の効果を確かめたいと思った。そこで、ひと月やり過ごして妊娠の兆候がないのを確認したあと、いよいよ子づくりに取りかかることにした。そして、できた！　ハンナを授かったとき、わたしたちはふたりとも一八歳だった。

今になってみると、なんと子どもっぽい信仰心だったことか。赤ん坊を育てるのがどういうことかもよく知らなかった。それでも、神が力を貸してくださるはずだと信じていた。

そして、神はつねに力を貸してくださった。

それればかりか、日々、神に感謝せずにはいられないすばらしい理由を、一〇もわたしたちに与えてくださったのだ。

長女のハンナは現在二五歳。彼女はわが家の先駆者（別の言葉でいえば実験台！）だった。数学の能力に秀で、一二歳にしてオンラインで代数学の授業を受けはじめた。クエスタ大学でのこの授業は、ホームスクーリングと並行して受講できる「二重登録」〔高校生が在学中に大学の科目を履修し単位を取得するプログラム〕によって実現した。そして、次の学期に、カリフォルニア州高校レベル習熟度テスト（CHSPE）[*5]のすべての科目に合格し、二〇〇一年の夏、アーラン・ハンコック大学でさらにふたつの科目を受講した。その後、一三歳で正規の大学生〔一学期に一二単位以上履修している学生〕になり、女子サッカーチームで活躍した。

ハンナの長所のひとつは、物おじしないこと。失敗を恐れなかったのは、家族の愛情と支えがあったからだ。一七歳になる前に、数学を専攻したオーバーン大学モンゴメリー校（AUM）〔アラバマ州オーバーンにある名門総合大学。モンゴメリーに分校がある〕から理学士の学位を与えられた。その後、カリフォルニア州ヘイワードにあるカリフォルニア州立大学イーストベイ校とアラバマ州のタスキーギ大学で、数学と工学それぞれの修士号を取得。勉強が好きで、この秋からタスキーギ大学に戻り、全額給付の奨学金を受けて工学博士号取得に向けて研究を続けている。

次女の**ロザンナ**は二三歳。アメリカ建築家協会（AIA）最年少の建築家だ。昔から独立心が強く、メキシコシティーを訪れた際、のちに夫となるペルー出身の建築家セルジオと出会った。一八歳のとき、カリフォルニア美術大学での建築課程を修了し、一九歳で結婚した。そして、サンフランシスコの会社で働いたあと、二〇一三年八月、ニューヨーク市に移り、名高いクーパー・ユニオン〔建築、美術、工学を扱う全米トップレベルの難関大学〕に入学。全額給付の奨学金を受けて、建築の理学修士号取

*5　公立高校で履修する基礎的リーディング、ライティング、および数学の熟達度を判定する試験。合格すると高校卒業の認定が得られ、高校に通いながら大学の授業を受けることもできるようになる。

得のために勉強している。

これまで、サウジアラビアの女子医大を設計する建築チームに参加させてもらったことがある。また、受賞歴のある建築家チームの一員として、メキシコとアメリカの国境に備えられた二番目に大きな検問所の設計に携わったこともある。

三女の**セリーナ**は二二歳で、海軍でも全米でも最年少女医のひとりだ。一〇歳か一一歳のとき、医師になるべき使命を神から与えられたと感じた。一一歳で大学進学適性試験（ＳＡＴ）［*6］を受験し、オーバーン大学モンゴメリー校でパートタイムの受講を始めた。そして、サンフランシスコ・ベイエリア（湾岸地域）にあるサンタクララ大学に編入して二年間学んだあと、家族の引っ越しに伴って、今度はハンティンドン大学に編入し、一七歳のとき生物学の学士号を取得した。現在は、メリーランド州ベセスダで海軍の軍医として実習している。まもなく出航することになるかもしれない。

長男の**ヒース**は一七歳。コンピュータ・サイエンスで理学修士号を取得した。彼は四歳のときから、どちらかといえば親からじかに勉強を教わるよりも、勉強仲間である姉たちの助けを借りながら、独学で学んできた。ホームスクーリングと並行して、初めて実際に大学の授業を受けたのは一〇歳のとき。カリフォルニア州ロスアルトスにあるフットヒル大学［全米でトップクラスのひとつと評価されている二年制のコミュニティ・カレッジ］でのことだ。やがて、ＣＨＳＰＥのすべての科目に合格。二〇〇七年の夏にはオーバーン大学モンゴメリー校に編入し、パートタイムの受講生として勉強しはじめた。その秋、一一歳になる前に、ハンティンドン大学で正規の大学生になった。英文学で学士号を取得したのは一五歳のときだ。

現在はパートタイムでふたつ仕事をしているほか、新しいビジネスも起ちあげ、"Abstract Education.com"として始動させる予定だ。そこでは、ウェブ上のアブストラクト・アート〔自由な線・色・形・面などによって構成した絵画などの抽象芸術作品〕や、大学レベルの各種オンライン教材を販売することになっている。

次男の**キース**は一五歳で、フォークナー大学の四年生だ。一一歳で大学の授業を受けはじめ、受講しているのはほとんどが音楽理論と実技の授業だ。キースはおとなしくてシャイなのに、おおぜいの観客を前にしてピアノやクラリネットやバイオリンを演奏したり歌ったりするので、家族はびっくりしてしまう。大学の合唱団で団長に選ばれ、オーケストラではクラリネットのセクションリーダーも務めていた。クラシック音楽に対する理解力も、みずから演奏する技術もたいしたもので、これは、フォークナー大学ですぐれた指導を受けてきたあかしといえる。

三男の**セス**は一二歳。一一歳のとき、フォークナー大学で歴史を学びはじめた。行動は一二歳

＊6　大学入学の際、合否の基準にされる標準テスト。年間七回実施され、繰り返し受験することが可能。現在アメリカ国内でいちばん広く大学受験に使われている。日本と違い、アメリカでは個々の大学での入試は行なわれない。標準テストの成績と内申書、小論文などを送付すると、書類審査で結果が通知される。

の男の子そのものだが、高度な知識はかなり増えて、大学の歴史の授業では、クラスでいちばん成績がよかった！　この秋にはハンティンドン大学に編入する。暗黒時代ともいわれる中世の歴史が大好きで、中世の戦闘を描いた絵画、騎士にまつわること、中世のしきたり、バイキング、そしてその時代に関する学問ならなんでも目を輝かせる。

四女の**カトリーナ**は一〇歳で、二〇一三年の四月に米大学入学学力テスト（ACT）[*7]を受験した。活発な性格で、今すぐにでもステージに立ちたがっている。歌ったり踊ったり、人目を引く衣装で着飾ったりするのが好きなのだ。法律にも興味があり、アメリカ国民の自由を守ることに興味を持っている。わたしたちは、高校のカリキュラムをカトリーナの関心に合わせて組み立て、大学に入ったらロースクールへの準備教育も演技の授業も、両方受けられるよう考慮している。

五女の**マリアンナ**は八歳で、現在、自分ひとりで読書ができるよう訓練中だ。本人は姉のセリーナと同じ医師になりたいと言っている。性格はとてもやさしく、弟や妹たちにもこまやかに気を配って手助けをしてくれる。二〇一三年の六月に、わたしたちが通う地元の教会で洗礼を受けた。ホームスクーリングの一環としてダンスの練習もしている。

六女の**ロリーナ**は五歳。大半の時間は、文字を書く練習をしたり弟のサンダーと遊んだりしている。ピンクのものとお姫さまに関するものならなんでも好きだ。彼女はわが家のお姫さまなので、わたしたちは愛情を込めて〝ロリーB〟や〝わが家のサザン・ベル〟〔南北戦争前のアメリカ南部で上流階級女性の理想像を指した言葉」と呼んでいる。

最後に、四男の**サンダー**。とても自己主張が強い三歳児で、自分はスーパーマンとスパイダーマンが合体してできたと信じている。この子の名前は、実際にあった出来事にちなんでつけたものだ。あるとき、裏庭のオークの巨木に雷が落ち、わが家の窓五枚が粉々になった。それからちょうど九か月後にこの子が生まれた。サンダーはどうやら運動が得意そうなのだが、いったいどんな能力を授かったのかはまだわからない。

以上が神の与えてくださった一〇の宝物だ。そのひとりひとりがユニークで、だれのものでもない自分だけの道を歩んでいる。わたしたち夫婦はどの子も心から愛し、彼らが学び成長していくのを驚きの目で見つめている。この子たちはみな特別であると同時に、ふつうでもある。そのふつうの子たちが、これから紹介するホームスクーリングの成果を身をもって示してくれている。わが家の子どもたちを見てもらえば、同じ年齢の子となにも変わらないのがわかるはずだ。もし恵まれている点があるとすれば、両親がわが子に夢を持ってほしいと願い、あらゆる方法でその夢を応援したいと思っていることだろう。

*7　SATと同様、大学入学審査の際に学力判定テストとして利用される。アメリカの大学進学には、通常SATかACTのいずれかの点数を提出する必要がある。

わが家におけるホームスクーリングの取り組みは、さまざまな出来事を乗りこえてきた長い道のりだったし、それは、子どもたちの書いたレポートにもあらわれている。けれども、夢という言葉を口にするなら、神がつねに実現してくださるものこそわたしたちの夢だったといえる。そんな夢を、読者にもぜひ実現してもらいたいと願わずにはいられない。

「わたしが経験してきたホームスクーリング」

ハンナ・ハーディング（執筆時一九歳・二〇〇七年）

カリフォルニア州立大学（イーストベイ校）を卒業することになった今、これまで両親が試行錯誤しながらわたしを教育してくれた思い出の数々が、心によみがえってくる。そのひとつは、わたしがまだ四歳だったときのこと、カンザス州のいなかの小さなわが家での思い出だ。そのころ、父は大学でビジネス微積分の授業を受けていたので、娘にも導関数の計算のしかたを教えてみようと思いたった。といっても、ただ累乗の指数を変数の前に移し、その指数から一を引いていく、というやりかたを見せてくれただけだ。最初はうまくできなくてわたしはいらいらしたが、何度か試しているうちに、ようやく正しくできた。その結果を父は褒めてくれた。それがなんであれ、たった今すごくいいことを成しとげた気分になって、とてもわくわくした。もちろん、そのときは導関数のなんたるかをほんとうにはわかっていなかったのだが、累乗の指数を移して一を引いていくという手順は理解していた。

これまでの人生で、父はいつもわたしを励まし、わたし自身、最初はできると思っていなかった大きなことでも挑戦するよう背中を押してくれた。今思えば、もし両親がわたしの教育にかかわらなかったら、現在のわたしはぜったいになかったはずだ。ふたりが、家で勉強を教えようと決心したとき、わたしは私立小学校に通うふつうの三年生だった。両親がそう決心したのは経済的な理由からだけではなく、子どもたちの幸福と将来のためでもあった。

ホームスクーリングのことを知らない人たちから、これまで両親は数多くの批判を受け、それに答えなくてはならなかった。たとえば、「社会性はどうやって身につけさせるの？」と訊かれる。まるで、ホームスクーリングをしていると、ほかの人間とはだれとも接触しないかのように。いうまでもなく、そんなのはばかげている。わたしたちは大家族だったし、ほかにもホームスクーリング仲間たちと、チェスクラブやスポーツ活動や芸術鑑賞や教会行事やサッカーチームを通じて接触があり、近所の子どもたちとも遊んだ。

わが子を家庭で教育する人はおおぜいいるが、その理由はさまざまだ。わたしの両親がそれを選んだのは、宗教的な理由もあったし、ホームスクーリングで育つ子のほうが、そうでない子よりも態度でも知性でもすぐれていると知ったからでもある。「あなたの両親は教員資格を持っているの？」とよく尋ねられるが、それに対してわたしはこう答える。「いいえ。でも、必要ないのです」。それはなにも、両親が無学でもかまわないということではなく、教育を専門的に学ぶ必要はない、という意味だ。父は現在、教育学の博士課程で研究をしている。ホームスクーリングを始めた当時、わたしはすでに読み書きはできたので、いろいろな教科の本をひたすら読み、数学を毎日一課ずつ勉強した。勉強を見てくれたのはほとんどが母で、わたしが解法の手引書を読んでもわからないと、質問に答えるのが母のおもな役割だった。こういう勉強のしかたが、わたしにはいちばん合っていたと思う。なんといっても、ブレーズ・パスカルをはじめ、有名な数学者の多くが独学で勉強したのだから。

　国語は、さまざまなテーマで文章を書いたり日記を書いたりすると、それを母が読んで綴りかたと文法の間違いを直してくれた。父は、数学を毎日二課ずつに増やすよう勧めてくれた。数学に熟練すれば、成功への近道になると信じていたからだ。その言葉は正しかった。わたしが一二歳になる前に、両親は娘の数学レベルが自分たちを追い抜いたことを知った。けれども、ふたりにとってそれは困った事態ではなく、なんとでも解決できる問題だった。その解決策に従って、わたしはコミュニティ・カレッジ〔公立の二年制大学〕が開講しているオンラインの数学講座を、高校生として受けることになった。

　その学期が終わると、わたしはカリフォルニア州高校レベル習熟度テスト（CHSPE）を受験した。これは、高校卒業と同等の認定が得られる試験だ。受験資格は、一五歳（現在は一六歳）になっているか、高校二年の二学期を学習中であること［*8］。両親は、わたしが高校二年生レベルの勉強をしているとわかっていたので、試験を受けさせた。わたしはまだ運転免許証を持っていなかったため、試験監督官にミリタリーID（身分証明書）を見せなければならなかった。軍人の子どもは一〇歳でIDを持てる。これはすごいことだ。というのも、ACTやSATを受験するときにも重宝したから。母はこれを〝裏口入学〟と呼んでいる。わたしが何歳かはだれも知らなかったし、わたしも言わなかった。この試験には一三歳で合格した。とはいえ、ほんものの大学キャンパスで正規の大学生としてフルタイムの授業を受けるのだと思うと荷が重く、最初は泣いてしまった。けれども、父と母から、正規ではなく何科目か受講するだけだと聞かされた。母は、わたしが授業を受けているあいだ、下の子たちとキャンパス内のトラックを歩いているから、と言ってくれた。両親のおかげで、わたしには新しい自由が開けた。したいと思ったことはなんでも成しとげられる気がした。その夏、ふたつの科目を受講し、履修単位としてサッカーもした。サッカーの試合に出るのは大好きだった。秋になる前には、大学の女子サッカーチームへの所属を許され、毎試合出られることになった。

もうひとつ、わが家のホームスクーリングについてよくある思い込みは、両親から勉強を押しつけられているのだろう、というものだが、わたしはそんなふうに感じたことは一

＊8　アメリカでは六・二・四制が多いため、高校二年生は日本の高校一年生に相当する。

度もない。あるとき、それは試験前日の夜だったが、勉強していなかったのを父に見咎《みとが》められたことがあった。その科目はこれまで宿題を全部ちゃんとやってきたから、今さら復習や練習問題をする必要はない、というのがわたしの言い分だった。けれども、わたしは基本的に怠け者だったし、今でもときどき怠けそうになる。わたしは罪悪感を抱いた。というのも、実は試験前のその週末、サッカーをしたり、よその町から会いにきてくれた旧友たちと過ごしたりして、勉強をそっちのけにしていたからだ。父から集中講義を受けたあと、わたしは泣きだした。父はわたしの背中をやさしくなでて、こんなことはなんでもないし、わたしを愛していることに変わりはない、と言い聞かせてくれた。そして、娘に期待しているのはベストを尽くすことだけであり、それがおまえにできるすべてなのだ、と言った。そのとき、わたしはベストを尽くさなかったのだから、試験の準備をきちんとしていたとはいえないと気づいた。父からはこう言われた。「正規の科目数を受講して、そのうえサッカーチームでもプレーすると負担が大きすぎるのなら、来学期はパートタイムの受講にすればいい。おまえはまだ一四歳で、同じ年齢の子よりずっと先を行っているんだ。時間はたっぷりあるさ」。わたしはおおいに励まされ、勉強法を改善することにした。試験の成績は、勉強不足だった微積分基礎だけがBで、あとはすべてAだった。この経験から学んだのは、つねにベストを尽くすのがいかに大切かということだ。

それからは毎学期、正規の科目数を履修しつづけ、二〇〇五年には優秀な成績でオーバーン大学モンゴメリー校の学士課程を終えた。二〇〇七年の春にはカリフォルニア州立大学（イーストベイ校）で数学の理学修士号を取得する予定だ。こんなことを書くのは自慢をしたいからではなく、両親が成しとげたありのままの事実を証明したいからだ。両親は、自宅でわたしを教育するというゆるぎない決心をしたことで、わたしの人生に大きな影響を与えた。そして、周囲の批判に臆することなく、わたし自身が思ってもいなかった可能性を見せてくれた。もしその賢明な決断がなかったなら、わたしはほかの子たちと似たような高校生になっていただろう。

いつか自分の子どもができたら、いくら周囲から反対されようと、わたしも同じ道を行こうと決めている。この家にいれば、そばにいるきょうだいに目をやっただけでも、ホームスクーリングの成功例を挙げることができる。一七歳になる妹は、カリフォルニア美術大学の建築課程五年目に在籍している（学業成績平均値（GPA）［*9］は三・八でわたしより高い）。将来の希望は、自分の設計事務所を持って住宅を設計することだ。その下の妹は現在一六歳で、サンタクララ大学の医学部進学課程で生物学を専攻し、医師になりたがっている。一一歳の弟は、俳優か演出家かプロデューサーになるのが夢で、演劇の授業を受けている。数学ではわたしに追いつけるところまで来ていて、すでに中級代数学を修了し、統計学を学んでいる。

そのほかのきょうだいはまだとても幼いけれど、わたしが彼らの年齢だったときより、

＊9　米国などの大学で一般的な成績評価法だが、日本でも導入する大学が増えている。各科目の成績を四・〇〜〇の数値に換算して平均値を出す。

はるかに多くのことを達成できるはずだ。なぜなら、最初からずっとホームスクーリングで学んでいるのだから。今、わたし自身が取得した学位のことを思うと、これまで両親が奮闘してくれたからこそ、ここまで来られたのだと感じる。今までの人生を振り返り、最初はなにもできなかったのを思い出すと、自分はなぜこんなに恵まれているのだろうと不思議な気持ちになる。「エレミア書」第二九章一一節が心に浮かんでくる。「主は言われる。わたしがあなたがたに対していだいている計画はわたしが知っている。それは災を与えようというのではなく、平安を与えようとするものであり、あなたがたに将来を与え、希望を与えようとするものである」。わたしの人生のために神が導き出してくださる計画は、わたし自身が予測するものよりも、そして両親が示してくれるものよりも、はるかに善いものだと確信している。

第2章 どんなやりかたをしたの？

イエスが一二歳になった時も、慣例に従って祭のために上京した。ところが、祭が終って帰るとき、少年イエスはエルサレムに居残っておられたが、両親はそれに気づかなかった。そして道連れの中にいることと思いこんで、一日路を行ってしまい、それから、親族や知人の中を捜しはじめたが、見つからないので、捜しまわりながらエルサレムへ引返した。そして三日の後に、イエスが宮の中で教師たちのまん中にすわって、彼らの話を聞いたり質問したりしておられるのを見つけた。聞く人々はみな、イエスの賢さやその答に驚嘆していた。

——「ルカによる福音書」第二章四二節〜四七節

一二というのは、聖書のなかでは特別な数字であり、完璧な数字である。ちょっと考えてみてほしい。イスラエルの部族は一二、ヤコブの息子たちは一二人、そして選ばれし弟子も一二人だった。だから、聖書にあるように、マリアとヨセフが神殿で見つけたのが、教師たちと話す一二歳のイエスだったことは驚くにあたらない。もしかしたら、一二歳前後で起きることがらには、やはりなにか特別なものがあるのかもしれない。

わが家の子どもたちが、論理を追ったり批判的に考えたり、抽象的な概念を扱ったりすることができるようになり、より高度な学習への準備が整ったのも一二歳のころだった。また、一二歳くらいになると、学校に嫌気がさす子も出てくる。わたしたち夫婦は、わが子になんとか勉強をさせようと苦心している母親たちと話すことがよくある。そんな親たちにアドバイスするのは、子どもが心底やる気になるものを見つけたほうがいい、ということだ。人生でこれはぜひやりたいというものがあれば、両親はその関心事に合わせた勉強のしかたを示してやることができる。わが家の子たちが一二歳前後のとき、より高い段階に進む準備ができたのをわたしたちは感じた。そして、いったん大学の授業を受けはじめれば、もはや宿題や勉強をするよう親が促す必要もなくなった。これから先、ほかの子どもたちも同じようにできるだろうか？　できるよう願いたいが、確信はない。けれども、〝照準〟を合わすべき年齢はわかった。そこに狙いを定めればいい。親にできるのは、日々力を尽くし、子どもたちの使命がなんなのかを見定めることだ。

「で、どんなやりかたをしたのですか？」

子どもたちの話をするたびに、必ずこう訊かれる。そこで、まずはわたしたちがなぜホームスクーリングを始めたのかを伝えたい。

長女のハンナが四歳だったとき、夫は娘がおもしろがることをしようとして、〝方程式を微分する〟方法を教えてみた。

夫はそのころ微積分の勉強をしていたため、それをゲームに仕立てて娘を遊ばせておこうとしたのだ。夫にとって、こうした方法で娘とかかわるのが楽しみになったのは、「ほら見て、ハンナはこんなことができるんだ！」と人に言えるからだった。娘にとっては、パパにつきあって数学に興味を示せば、自分に関心を向けてもらえるというわけだ。はたして、これでも娘は四歳の天才児だったといえるだろうか？　とんでもない。つきっきりでかまってもらえる嬉しさから能力が開花し、数学が大好きになっていっただけなのだ。

この時期、夫は自身でも勉強しながらハンナを遊ばせていたのだが、わたしのほうは介護施設で夕方から夜までの勤務をしていた。当時、夜勤の同僚に、ホームスクーリングで五人の子を育てている女性がいた。彼女は夜間働き、朝になると家に帰って子どもたちを起こし、それぞれが分担する家事をさせ、朝食をとってから授業を始める。五人の子どもたち（当時のわたしには、五人でもずいぶん子だくさんに思えた！）は、すでにひとりで本を読める年齢だった。ご主人が仕事へ出かけたあと、彼女は眠りにつく。目が覚めると、子どもたちが勉強した個所を添削し、それから夕食を作る。そのあとは家族の時間だ。驚いたことに、彼女はフルタイムで働きながらホームスクーリングもうまくこなしていた。子どもたちとかかわるそのやりかたを見て、わたしはわが子を自分の責任で教育したいという気持ちが非常に強くなった。そして、自分自身にこう問いかけてみた。

「わたし以上にわが子を愛している人はいるだろうか？」

「わたし以上にわが子をよく知っている人はいるだろうか？」

この同僚看護師がホームスクーリングを始めた理由のひとつは、息子が注意欠陥障害（ADD）とみなされたからだ。あとでわかったことだが、実際には、授業に飽きたせいで無作法なふるまいをしていただけだった。学校の授業が物足りず、課題はたちまち終わらせてしまうため、教室でふざけて時間をつぶしていたのだ。同じような状況を、ほかのケースでもずいぶん多く耳にしてきた。（ADDの問題については本書では触れないが、これまで、教育専門家からADDと決めつけられ、家での教育に切りかえたとたん抜群の能力を発揮した子がおおぜいいたことだけは言っておきたい）。もちろん、すべてに当てはまるわけではないかもしれないが、当てはまる場合が多い。わが同僚は、個性的な息子を教育するうえで、こうした余分な事情を抱えていたにもかかわらず、大きな成果を上げた。特別ともいえるその子をきっかけにして、彼女はほかの子もみな家で教育しようと決めたのだ。

もうひとり、わたしの友人に七人の子を持つ女性がいるが、彼女もまた、家庭で子どもを教育するという重大な決断を下した。ホームスクーリングについて、わたしが彼女のまわりで話せば話すほど、すばらしい考えだと自身でも思うようになっていったようだ。下の子たちを家で教育しようと決めたのは、上の子たちが学校で学ぶ教材に不安を感じたからだという。彼女の経験を通して、わたしは、わが子を教えるための計画の立てかたや、詳細な学習方法を間近で見ることができた。

もちろん、わたしもホームスクーリングをしたいと思っていたし、以前から強く勧めてくれていた友人や、やりかたについて快く助言をくれそうな友人もいたのだが、それでも、いざハンナが学校へ行く年齢になったとき、わたしは怖気づいて自信をなくし、やはり自分には無理だとみずから言い聞かせてしまった。そして、ハンナを私立の幼稚園に行かせることにした。そこは教会が支援するクリスチャン・スクールなので、学費は無料。お金のことは決め手のひとつだった。自由な時間も持てたので、自宅で保育の仕事をする余裕ができ、その後何年かはホームスクーリングに向けて勉強することもなかった。自宅ではロザンナとセリーナとヒースのほか、近所の子ども数人の面倒を見た。そのほか、週末には看護の仕事もしていた。

今でもハンナはよく冗談めかして親に負い目を感じさせようとし、自分は学校に〝縛りつけ〟られ、部品のひとつのように〝規格化〟されたと言っている。学校で〝バカになった〟ように感じるし、家でならもっと成績を上げられたはずだ、とも言う。ハンナが一七歳で学士号を取得したことを考えれば、それほど後れを取ったわけではないのに！　とはいっても、家族と離れて過ごした期間があったのを、娘はたしかに後悔している。わたしも、最初の四年間を学校で過ごさせたのはつくづく惜しいことだったと思う。

念のために言っておきたいのだが、わたしは娘たちが教わったどの先生に対しても、否定的な感情を抱いてはいない。ただ、ロザンナが習った先生については、ひと言だけどうしても触れておかなければと思っている。小学校一年生から二年生にかけて、ロザンナは成績表のコメント欄に〝空想家〟と書かれることがよくあった。のちにわたしは、ホームスクーリングで学んでいるロザンナが、たしかにちょっと空想にふけりがちで、いたずら書きをするのも好きだと気づいた。勉強をせずに、数学のノートや紙の余白に絵を描いていることが何度もあった。夫もわたしも、娘がごく幼いころから、その芸術的才能に気づいていた。空想家といえばそのとおりだが、本人にしてみればただ周囲を鋭く観察しているだけなのだ。ほかのきょうだいが次のことに移ろうとしても、ロザンナだけはまだじっとなにかを見つめている。あらゆるものをじっくり観察するのだ。そして、ほかの人には真似のできないやりかたで、風景からなにかしら味のあるものを引き出してくる。けれども、公立学校ではこうした性質は短所とみなされてしまう。おもしろいことに、ロザンナがのちに学ぶことになる建築の分野では、いたずら書きはむしろ必要な行為とされるのだ！

公立学校という環境で行きづまったとき、勉強への意欲を失ってしまう子は非常に多い。彼らはうんざりしながらも、興味の持てないことに取り組もうとして多くの時間を費やす。さながら、ひとつのサイズしか置いていない衣料品店に行くようなものだ。ホームスクーリングなら、教育は子どもの才能や興味に合わせたあつらえ品だ。もしロザンナが公立校に行っていたら、夢はつぶされていたに違いない。ロザンナは今、好きな仕事をしているし、これまでも多くの成果を上げてきたが、もしあのころ空想をやめていたらどうなっていただろう？　もし、じっくり観察したりいたずら書きしたりするのをやめていたら、どんな道を歩んでいただろう？　もし、教師の意のままになっていたとしたら？

四年間もずっと高校に縛られている子どもたちを見ると、わたしは悲しくなる。両親が子どもの意志を尊重すれば、子どもははるかに多くのことを達成できるのに……。そしてもっと悲しいのは、ホームスクーリングをしている親が、公立学校のカリキュラムを家で真似ようとすることだ。やがて、無理からぬことだが、それが両親にとって負担が重すぎたり、子どもにとって退屈すぎたりしてくると、そろそろ専門家（学校の教員もしくは家庭教師）の手に戻したほうがいいのではないかと考えるようになる。

ハンナが五歳になるかならないかのとき、わたしは幼稚園児用のワークブックを購入し、毎日、午前中に娘と勉強しはじめた。昼から夕方にかけては、夫のキップが大学の宿題をしながら、複雑な数学の問題を娘に解かせ、娘は夢中で取り組んだ。おもしろいことに、今、ハンナは数学の修士課程を終え、博士号取得に向けて勉強している。それはなにも、夫が四歳の娘にあえてこの分野の勉強をさせようとしたからではなく、娘自身が神によって数学と結びつけられていたからだ。同じように、ロザンナのほうは創造性とデザインの才能を与えられ、その証拠に、現在では建築家としておおいに能力を発揮している。

ホームスクーリングを始めるにあたって、両親が専門的な教育を受けている必要はまったくない。ただ、わが子への愛情と、子どもにできるかぎりのことを達成してもらいたいという気持ちさえあればいい。わが家の三女セリーナはずば抜けて利発で思いやりがあり、医師になって人を助けたいという目標をつねに持っていた。すぐ下の弟ヒースが生まれたのは、セリーナが四歳半のときだったため（きょうだいのなかでは、いちばん年の差が大きい）、すでにいっぱしの母親役を果たしていた。わたしが家で近所の赤ん坊を何人か預かっていた時期も、あの年でずいぶんとお手伝いをしてくれたものだ。

今思い返してみると、娘たちそれぞれの個性が、なんらかの技能を伸ばす役目を果たしてきたといえる。その詳細を形づくられたのは神であり、子どもたちが持って生まれた才能を親が育んでいけるよう、力を貸してくださったのだ。

さきほども言ったように、わたしたちは結局、上の娘たちを数年のあいだ私立の小学校に通わせた。わたしは毎週末に看護の仕事（一二時間の勤務）をしていたほか、月曜日から金曜日までの昼間は、自宅で子どもを預かる仕事もしていた。その様子を監視しに郡の職員が家まで来るため、もしわが子たちが学校に行っていないと、あれやこれやの質問に答える羽目になり、それがいやだったという理由もあるといえばある。

ところが、ハンナが小学校三年生を終えたあと、夫は空軍の現役勤務に復帰し、もうわたしが働く必要はないと言ってくれた。今にして思えば、わたしは多くの母親たちと同じように、ただ怖かっただけなのだ。あのころは今ほど信念が強くなかった。仮にもう一度最初からやり直すとしたら、間違いなく仕事とホームスクーリングをバランスよく組み合わせるだろう。現在では上の子たちが成人に達しているので、わたしの手助けをしてくれる。どんなときでも、うまくいく方法は必ずあるものだ。ホームスクーリング家庭のなかには、母親が働かなくてはいけないケースもある。そんな場合には、祖父母に手伝ってもらったり、シフト勤務や在宅勤務で工夫したりすることもできる。また、子どもたちがだいぶ大きくなっているなら、自分たちで勉強するよう任せられるし、可能なときには仕事場に子どもを連れていくこともありえる。もし、本気でホームスクーリングをしようと両親が思うなら、神に祈り、うまくいく方法を探せばよいのだ。

わたしたちは決断を下し、そして運よくホームスクーリングに踏み出せた。

さあ、いよいよ楽しいことが始まる。

「星をめざして飛べ」

ロザンナ・ハーディング（執筆時二三歳・二〇一一年）

幸運にも、わたしは幼いころすでに人生の目標を決めていた。それは建築家になることだ。もうひとつ幸運だったのは、両親がその目標に到達する後押しをし、手を伸ばせば届くと教えてくれたことだ。

自分がめざすのは建築家だと知ったときのことは、今でも覚えている。幼いときから、わたしは周囲をよく観察していたし、窓から差し込む光の具合を見ているほうが、黒板に目を向けているよりもはるかにおもしろかった。それでも、三次元を扱えるという点で、数学はすばらしいと感じていた。芸術と科学がぶつかり合う場所こそ、わたしにとってはいちばんしっくりくるように思えたのだ。無からなにかを創造すること、あるいは、心に浮かんだアイデアを形にすることには、惹かれるものがある。自分の心の眼に映ったなにかが現実のものになるかもしれないと考えると、心が躍るようだった。

二〇〇〇年代の初め、住宅市場が活況を呈していたころ、父はカリフォルニア州中央部の新興住宅地にできていくモデルハウスを見てまわるのが趣味だった。わたしもよく両親にくっついて行っては、住宅の大きさや広々としたその空間に目を見張ったものだ。そして、モデルハウスからの帰り道、母にこう尋ねたのを覚えている。「どの部屋をどこに置くか決めるのはだれなの？」。すると、母は答えた。「建築家よ」。まさしくその瞬間だった。人が暮らすために美しい図面を描き、空間を想像して現実のものに組み立てていく。そういう職業が実際にあると知ったとき、それこそが自分の使命だとわかった。

　そのとき、わたしはたしか一〇歳だった。驚くことに、神はわたしたちそれぞれの心にひとつずつ種を植え、その種が育ってひとつの夢になったとき、自分のすべきことはまさにこれだ、とだれもがはっきり悟るのだ。

　たとえば、八歳の少年が「大きくなったら宇宙飛行士（どんな職業でもかまわない）になりたい」と言うと、よその親ならたいがい、にこりとほほえんでこう言うだろう。「それはいいね」。そしてさっきまでの用事に戻っていく。けれども、わたしの父だったら、子どもの言葉を本気で受けとめるはずだ。おそらく、次回のスペースキャンプ〔アメリカのU・Sロケット&スペース財団が主催する青少年向けの体験学習〕に申し込み、友人のそのまた友人で、ロケットの清掃をしている人物くらいには紹介してくれるだろう。うちの両親なら、夢は現実になると教えるために、自分たちでできることはなんでもしてくれる。

　今でも心に残っているのは、父がつねにわたしたちを励ましてくれた言葉だ。目標を設定し、できるかぎり高いところをめざしなさい。ほどほどで妥協してはいけない、と。そしてよくこんなふうに言った。「星をめざして飛ぶんだ。そうすれば、月くらいまでは行ける」。その言葉を、わたしはいつもこう解釈していた。できるだけ高いところを目標にすれば、たとえそこには達しなくても、かなりのところまでは到達できる。けれども、照準を低いところに合わせてしまうと、行けるはずのところへもぜったいに到達しない。

　この心がまえは、今でもわたしを奮いたたせてくれる。将来、わたしは自分の建築事務所を、夫やたぶん大学時代の友人たちと一緒に開設したい。みずからが所長になり、自分の設計したものを形にできるかもしれないのに、一介の製図工に甘んじる必要はないと思うからだ。

父も母も、年齢は未熟さの言い訳にはならないと考えていた。だから、子どもたちにも相応の責任を持たせ、大人と同じように論理的に考えることを教えた。子どもたちは大人として扱われたため——願望を込めて言えば、これはつまり、わたしたちきょうだいには高い責任能力があったということ——困った事態が起きてもたいがいきちんと対処できたし、その年齢の〝標準〟とみなされるレベルよりもうまくやれた。そういう経験があったからこそ、実社会でもいろいろな意味で意思決定ができるようになり、年齢が四、五歳上の学生たちと一緒にやっていく自信もできたのだと思う。

わたしもほかのきょうだいも、年齢のわりに大人びているとよく言われる。それはひとえに、人間関係に欠かせないコミュニケーション術や、論理的に判断する方法を教えられてきたからだろう。結局のところ、親が子どもに望むのは、自分の力で生活し、世の中の光となれる自立した大人になることなのだ。

第3章 やる気にさせる

すべてあなたの手のなしうる事は、力をつくしてなせ。あなたの行く陰府には、わざも、計略も、知識も、知恵もないからである。
――「伝道の書」第九章一〇節

わたしたち家族はなにも、ある朝目を覚まして突然、「よし、子どもは一〇人全員ホームスクーリングで育てよう！」と宣言したわけではない。いうまでもなく、人生はそんなふうにはいかない。神はいきなり大家族をお与えになるわけではないのだ。わが家がホームスクーリングを始めたとき、子どもはまだ少人数だったから、わたしたちは小さな目標と小さな夢を持ってゆっくりと一歩を踏み出した。

ホームスクーリングの先輩として、七人の子を家で教育していた友人からは、まずワークブックから始めるといい、とアドバイスを受けていた。というのも、できるだけ簡単なやりかたで始めたいという希望を伝えていたからだ。わたし自身、もし自分には面倒すぎると感じたら挫折してしまうかもしれない。その点、ワークブックなら簡単に取り組める。あまりの大変さにひるんで、「やっぱりやめた」とあきらめるのはたやすいし、結局そうなってしまう親は多い。けれども、たとえば宝探しの地図や、美しい建物を造るための青写真のようなものが取りそろえてあれば、わたしにもなんとかなると思っていた。

一九九七年の五月、娘たちの学校が終わるとすぐに、わが家はカリフォルニア州のチコへ居を移した。さっそく、わたしは娘たちそれぞれの学年に合ったワークブックを、「キリストの光出版」から取り寄せた。ハンナは四年生から始め、ロザンナは三年生、セリーナは一年生から始めた。わたしは夏の初めからホームスクーリングを開始し、一年を通して同じペースで教えたいと考えていた。

ホームスクーリングは、わが子を教育するためのすぐれた方法だとわたしは信じているが、同時にそれは、キリスト教信仰を採りいれたカリキュラムを施し、子どもの生涯を価値あるものにするためでもある。教育に信仰の要素がなければ、いくら成績のよい子でも賢明とはいえないかもしれないし、もしかしたら道徳心に欠ける行ないをしてしまうかもしれない。

娘たちには、それぞれの学年レベルに沿って「アルファ・オメガ（AOP.com）」のワークブックを与え、聖書、算数、国語の読み書き、歴史、理科、スペイン語の勉強をさせた。歴史の授業を始めてすぐに気づいたのは、わたしが娘たちに伝記を読み聞かせるほうが楽だということだ。そのほうが、わたし自身も楽しんで学べる。歴史上の偉人については昔習ったはずなのに、どういうわけか覚えていない。たぶん、わたしの通った公立学校の授業では、興味深い人物を何人も取りあげはするものの、その生涯を詳しく紹介するだけの時間がなかったからだろう。けれども家でなら、魅力的な人物を選んで伝記を読むことができる。伝記からわたしはたくさんのことを学び、歴史好きを自覚するようになった！

キリスト教の世界観で書かれた本はとてつもなく多い。何年か前から集めていた教材が、わが家にはすでにたくさんあった。公立学校の教育では、キリスト教の観点から教わるのは不可能だ。わたしは、手元にあるキリスト教教材を使って、子どもたちに人生の真実を教えることができた。教材を読みながら、わたしたち自身の価値観について話し合うのはすばらしいことだった。

娘たちがひとりでちゃんと本を読めるようになると、歴史小説でも伝記でも、読みたい本を自由に選ばせた。ここまで来れば、ホームスクーリングはぐんと楽になる。娘たちは、子ども用にリライトされた本から、あっというまに大人向けの本へと移行した。読む量を増やすにつれて、文法の練習問題や綴りかたのテストは減らしていった。子どもは読書を通して文法を学ぶ、となにかで読んだことがあったからだ。わが家の子どもたちは、まさしくそのとおりだった。読めば読むほど、書く力が向上していった。この時期、テレビはほとんど見なかったが、教育的なビデオは図書館からずいぶんたくさん借りてきた。ドキュメンタリーも、現実世界を教えてくれる教材として楽しんだ。友人から受けたアドバイスは、毎日なにか書かせるようにということだった。当時、カンザス州からカリフォルニア州へ引っ越してきたばかりだったので、娘たちは以前の友だちに手紙を書きはじめた。加えて、毎日の課題として日記も書くようになった。

書くことを思いつかないときは、聖書の「箴言」から一節を書き写して、それをわかりやすい言葉に書きかえさせた。箴言には知恵に満ちた言葉がいくらでもある。以前読んだ本のなかに、ベンジャミン・フランクリンは文章力を養うため、ほかの人が書いた文章を書き写し、それをわかりやすく書き直していたという話があった。だから、わが家では子どもたちが四歳くらいになると、お気に入りの児童書のなかから言葉を書き写させることを始める。手紙や日記を書きたがったときは、まず声に出して言わせてから、それをそのまま一枚の紙に書かせていく。中級レベルになると、『エディター・イン・チーフ』のような文法の参考書を使う。これなら、手っとりばやく文法規則を教えてから、すぐに書く作業に戻れるからだ。

幸運にも、わたしたちは引っ越し先の軍事基地で、恰好のホームスクール・グループに出会うことができた。娘たちは勉強が終われば遊びにいけるので、きわめて前向きに取り組んだ。勉強のしかたも格段に手際がよくなった。ときには、数学の日課を前日の晩に済ませて、翌日はさらに先へ進むこともあった。自分たち自身で決めてそうしたのだ。

勉強がはかどっているのを見て、夫は娘たちの数学の学習時間を倍に増やすことにした。というのも、大学入学のための標準テストである大学進学適性試験（ＳＡＴ）には二分野での得点が必要で、ひとつが言語能力、もうひとつが数学なのだ。そこで、本腰を入れてそのふたつを勉強しはじめた。読む本は、それぞれの興味に合わせて科学か歴史ものに絞った。娘のひとりは、進化論の本よりも創造科学〔天地創造を科学的に正しいとする理論〕の本を好んだし、ひとりは解剖学や生理学や医学の本を読むのが好きだった。

夏が来るたび、わたしは一年じゅう同じように勉強させることで、決まったペースを作るほうがやりやすいと感じる。自分自身の子ども時代を思い出しても、夏休みはときおり退屈になったものだ。それに、親の目が届かない時間が長くなる機会も多い。わが家では、子どもたちが退屈がることはめったにない。そんなふうに感じるとしたら、それは母親と父親が自分たちの用事でてんてこ舞いになって、子どもたちのことを後まわしにするときだけだ。

ホームスクーリングは一年を通して行なっていたものの、勉強をする日数は公立学校よりもはるかに少なかった。だから、結局のところ、子どもたちはそれぞれ興味のある分野を掘りさげたり、楽しんだりする時間をより多く持てる。夏休みを取らないことにはもうひとつ利点があって、それは公立学校でわたしがしていたように、新年度の初めにひと月かけて前年度の復習をする必要がないということだ。そのため、子どもたちは一学年ぶんの学習課程をずっと早く、しかもさほどの苦労もなく終えることができて、しかも遊んだり想像力を駆使したりする時間がたっぷりある。

テレビを観る時間を制限すると、子どもたちの創造性がぐんと伸びる。ただし、知的な番組はぜひ観るよう促す。わが家では、親も子どもと一緒に番組を観て、健全なものかどうか確かめるようにしている。

　今にして思えば、ホームスクーリングを始めたころは、学校の授業をなんとか家で再現しようとしていた。ホームスクーリングを始める家庭は、ほとんどがそうなってしまう。なかには、子どもひとりひとりに個人机を買いそろえる家庭もある。わたしも、月曜日から金曜日まで、午前八時から午後三時まで、毎日〝学校の授業〟をしなければならないと思い込んでいた。娘たちを朝早く起こして分担の家事を終えさせ、なんとしても八時までに勉強を始めようと頑張った。自分自身が学校でしていたように、どの科目も毎日まんべんなくこなさなければと思っていたのだ。そのせいでわたしも子どもたちも疲れたし、そのうえ勉強もうまくいかなかった。

　数か月のあいだは、ひたすら学校の授業を家で再現しようとしていたが、その後、わが家なりのやりかたに変えたいと思うようになった。家族のそれぞれ（母親を含む）が勉強したいことをするほうが、ずっと楽しいのではないかと気づいたのだ。文法の練習問題など、だれも心から楽しんでやっているわけではない。そこで、まずは毎日ただ文章を書かせ、書きながら間違いを直していくことから始めた。すると、書く力がみるみる向上し、書いているうちに文章の構成もうまくなっていった。そうなって、ようやく軌道に乗りつつあるのがわかった。娘たちは自分の好きな本を読み、書きたい文書を書いているだけで楽しそうだった。

　とはいえ最初のころ、ハンナはママがちょっとのんびりしすぎていると感じたらしく、このやりかたをいやがった。ハンナが以前通っていた小学校には、もっときちんとした時間割があったからだ。たぶん、そのせいで少し神経質になっていたのだろう。ハンナがこう言っていたのを今でも覚えている。「ミラー先生（三年生のときの担任）は、こんなふうにはしなかったよ」。その結果、八歳の娘は母親から、「わたしはミラー先生ではありません」という演説を聞かされる羽目になった。そして、ホームスクーリングでは違うやりかたをするけれど、そのほうがうまくいくのだとわかると、ハンナも落ちついた。やがて彼女は数学と理科の勉強に身を入れはじめた。数学の問題を解き、数学者や科学者に関する本を読むようになった。

教育者の多くは、きちんとしたカリキュラムを作ればそれだけ成績がよくなると信じている。けれども、わたしたちはそうは思わない。大学進学適性試験（ＳＡＴ）のための勉強が数年先に来るとしても、この時点ではまだ、自分ひとりで勉強する方法を学んだり、家で家族と過ごす一瞬一瞬を味わいながら、みなで楽しめる勉強をしたりしていればよいと考えていた。

最初のころからもうひとつ大きく変わったのは、〝教科書の勉強〟では得られないたくさんのことがらを、日々の生活から学べると気づいたことだ。こうした学習方法は〝自由学習《アンスクーリング》〟と呼ばれている。つまり、日常のなかで子どもが自然に学びたくなったことを学ばせるやりかただ。これならだれにでもできるし、ホームスクーリングをしていない家庭でもできる。わたしたちは、ワークブックの各章の最後にある練習問題を、あまり気にしなくなった。教材の中身を読んでいるほうが実際に学ぶべきものが多いと親も子も納得したのなら、問題すべてに答えなくてもよいのではないだろうか。もし子ども自身が問題を解きたがるなら、それはそれでいい。しかし、ほかのおもしろい読み物に移りたがったら、それでもかまわないではないか。

さっそく、わたしは綴りかたテストや標準テスト、とりわけ文法のテストをやめにした。それまで娘たちに何度かテストを受けさせていたが、これ以上テストをすることに興味が持てないと気づいたのだ。娘たちはテストの成績もよかった。しかし、標準テストを受けさせると受験料もかかるし、余分なストレスも与える。今から照準を合わせなければいけないのは、ほんとうに大事なふたつの標準テスト、つまり米大学入学学力テスト（ACT）と大学進学適性試験（SAT）だけだ。

わたしたちは勉強を心から楽しみはじめ、娘たちは自分の興味がある分野を学ぶにつれ、どんどん力をつけていった。ママが練習問題をやめにして、野外学習に連れていってくれればもっと楽しいのに、と子どもたちは思っていたことだろう。ロザンナが建築について学んだのも、こうした野外学習のときだった。また、別の機会にカリフォルニア大学ロサンゼルス校（UCLA）メディカル・センターを訪れたとき、セリーナは手術前の検討会をいくつか見学することができた。娘が医学に興味を持っているので見学させてほしいと頼み込んだのだ。どんな子でも、おそらく教科書よりも実生活での経験から多くを学べるに違いない。

というわけで、最初はうまくいっていた。けれども、親が本気度を試されるのは、数学の難易度が上がってきたときだ。

いつのまにか、長女の数学のレベルがわたしを追い抜こうとしていた。そのため、数学の勉強を見る役目は夫に代わってもらうことになった。わたしも高校四年生のときに三角法を一年間学んだのだが、卒業したとたんほとんど忘れてしまった。当時、わたしは六人目の子を妊娠していたため、三角法を勉強し直すのは肉体的にもしんどかった。夫は数学の授業をわたしから引き継いで娘に教えているうちに、ふとひらめいた。これほど高度な数学を勉強しているなら、大学の単位を取得できるのではないか、と。ちょうどそのころ、ホームスクーリング家庭の集会があり、わたしたちも参加してみた。その会で、わたしたちはカリフォルニア州高校レベル習熟度テスト（CHSPE）のことを知った。高校生に相当する子たちを家で教育している夫婦が教えてくれたのだ。その子たちは二重登録の制度を利用して、クエスタ大学で単位を取得しているという。

ハンナが父親の助けを借りて三角法を学び、その後、大学でも学んだことを考えると、わたしが大卒かどうかにはかかわりなく、子どもたちは高度な知識を身につけることが可能なのだ。わたしは一七歳のとき、サンタクララ大学の入学許可を得ていたので、その気になれば大学の学位を取得することもできたのだが、結局は高校で知り合った相手と結婚し、母親になる道を選んだ（そう、女性たちよ、ただの母親になりたいと願っても全然かまわないのだ）。結婚し家族のある暮しが始まってからは、大学の学位を得る必要はまったく感じなかった。結婚後数年してから、わたしは看護学校に一年通って准看護師の資格を取得した。これは、わが家の経済的な事情があったからで、当時、夫は最初の現役服務を終え、学士号取得に向けて勉強していたのだ。看護学校で一年間の課程を修了しさえすれば、看護師の助手として働けて、収入を倍にすることができた。現在も正看護師の資格を得るために、二、三の科目を少しずつオンラインで受講している。修了までに四年か五年はかかるかもしれない。率直に言って、わたしは子どもたちが将来を切りひらく手伝いをする今の仕事に、すこぶる満足している。三女のセリーナをサンタクララ大学に通わせることになった喜びは、もし自分が通っていたら感じたであろう喜びよりも、はるかに大きいものなのだ。

ちょうどいい機会なので触れておきたいのだが、もし娘たちが〝専業主婦〟になることを選んだら、親としてどう感じるだろう。実を言うと、わたしたちは大賛成だ！　思うに、これは娘たちにできるもっともすばらしいことのひとつではないだろうか。将来、わが家の娘たち全員に、そして息子たちの結婚相手にも、できればわたしと同じ経験をしてもらいたい。というのも、われわれ夫婦は子どもたちのおかげでとても幸福だったし、子どもたちは喜びのみなもとだからだ。とはいえ、彼らがいつ結婚するのか、そして全員が結婚するかどうかは、神のみがご存じだ。だから、今は子どもたちそれぞれが天職を見つける夢を応援したい。

わたしの友人には、大学の学位を持っていながら、母親としてホームスクーリングをすることを選んだ女性が何人かいる。彼女たちはまったく後悔していない。両親や親戚からは否定的に捉えられ、せっかく受けてきた教育を〝無駄にしている〟と言われてきた。しかし、子育てをするうえで、それまでの教育が〝無駄になる〟ことなどありえない、と彼女たちは知っている。われわれ夫婦は、娘たちにも息子の結婚相手にも、ぜったいにそんなことを言うつもりはない。夫とわたしの共通認識は、夫が稼ぎわたしが家事をするというものだ。そのやりかたで、わたしたちはうまくいっている。妻として、そして母としての役割のおかげで、わたしはたくさんの喜びと安心感を得ているし、神が夫を通じて日々の糧を与えてくださると信じている。ただし、こういう考えかたは聖書にもとづくものであって、一般的でないかもしれないことはわたしも知っている。

わたしたちは、ハンナが一二歳のとき、カリフォルニア州サンルイスオビスポにあるクエスタ大学〔二年制のコミュニティ・カレッジ〕で実施しているオンラインの授業で、中級代数学を受講させることにした。ハンナはこの授業でB評価を受けた。その少し前に、わたしはホームスクーリングの集会に出かけて、一五歳の少女に会っていた。彼女はカリフォルニア州高校レベル習熟度テスト（ＣＨＳＰＥ）に合格して大学の授業を受けているという。ホームスクーリングの集まりに出かけると、実にいい情報を得られる。近くでそういう集会があれば、ぜひ行ってみてほしい。さて、その少女の例にならって、二〇〇一年の四月にハンナもＣＨＳＰＥを受験し合格した。規定によれば、受験資格は一五歳になっているか、高校二年の二学期を学習中であること。こんな決まりは抜け穴だらけだと言う教育専門家もいるが、わたしたちにとっては、その抜け穴がチャンスを手にするための窓に思えた。ハンナの願書を送ると、まもなく合格通知が来て、なんの質問もされなかった。ハンナがまだ一三歳だと気づかれたかどうかはわからない。もしかしたら、送られてくる願書の数が多いため、いちいち確認しないのかもしれない。おそらく、オンラインの授業も同じ事情だったのだろう。娘の年齢のことはだれも問題にしなかった。

オンラインでの履修期間中、わたしは実際の教室にハンナを連れていき、三回の試験と最終試験を受けさせた。こんな場面を思い浮かべてほしい。大きなお腹を抱えた女性が校庭のベンチに座り、幼いきょうだいたちが芝生で遊んでいる――。母親が近くにいることで、ハンナには安心して試験に集中してもらいたかった。

ハンナがCHSPEに合格したとき、夫もわたしも大喜びした。けれども、娘のほうはかなり情緒不安定になって泣きだしてしまった。最初は理由がわからなかったが、よく聞いてみると、怖がっていたのだ。もしかしたら、自分は大学でいきなり一四単位もの授業を受けることになり、車でキャンパスまで送ってもらったあと、「じゃあね!」と放り出されるのではないか、と。授業は少しずつゆっくり受けていけばいいし、困ったときにはなんでも手助けするからと言い聞かせると、ようやく娘も気持ちが落ちついたようだった。勉強のほうは目を見張るほど進歩しているのに、精神的にはまだまだ親を頼っていたのだ。

ハンナの経験がわたしたちにとっては大事な教訓となり、子どもたちにきわめて大切なことを教えるきっかけにもなった。つまり、失敗を恐れない気持ちがあるのなら、難しいと思えることにでも挑戦してかまわないということだ。だれしも、失敗を恐れるせいで、価値ある挑戦に踏み出せない場合がある。

というわけで、ハンナはゆっくり進むことにした。まずは英文学の授業をひとつと、数学の授業をひとつ受講する手筈を整えた。わたしは娘を大学へ車で送っていき、教室まで連れていってから、下の子たちとキャンパス内の競技場へ行く。トラックをしばらく歩いてから、授業が終わって戻ってくるハンナを車のなかで出迎えた。そうすることで娘は安心したし、わたし自身もわが子に精神的な負担をかけてはいないと感じることができた。

未熟な娘を大学で学ばせることについては、ホームスクーリング仲間から批判を受けもしたが、夫もわたしもあまり気にはしなかった。ハンナはよく頑張り、英文学ではB評価を、幾何学ではA評価を受けた。担当教授たちは、ハンナの年齢が低いことに気づかなかったのかもしれないし、あえて触れずにいてくれたのかもしれない。いずれにせよ、娘はほかの学生と同じように扱われ、それはわたしたちにとってもいいことだった。特別な目で見られるのはなるべく避けたかったからだ。

もし、ホームスクーリングの学習レベルに一〇代の子が退屈しているのなら、大学は、やる気を起こさせるための〝ニンジン〟になりうる。親たちの多くが口をそろえて、一〇代の子を勉強する気にさせるのはひと苦労だと言う。大学生はときとして、A評価がほしいために、教授に一目置いてもらおうと頑張るものだ。もし低年齢にしてA評価が得られれば、間違いなく注目されるだろう。わが子たちは、なにも特別な注目を浴びたくて大学に行ったわけではまったくない。それでも、ハンナもほかの娘たちも、これまでなにかしらの機会にわずかだが注目を浴びてきた。

思い返すと、ハンナがちょっとした注目を浴びたのは、女子サッカーチームに入ったときだ。あのときはメディアがいくつか取材にやってきた。ハンナはローカルテレビ局二社と地元の新聞社からインタビューを受けた。とはいえ、その後も自分のすべきことに集中して謙虚でいたため、のぼせあがったりはしなかった。勉強には相変わらず一生懸命で、しかも自分から取り組んだ。実際、親のほうから、たまにはちょっと休憩して居間で一緒に映画でも観ようと声をかけなければならないほどだった。ハンナは親に言われて頑張っていたのではなく、みずから全力を尽くしたくてそうしていたのだ。

ちょうど同じころ、わたしは次女のロザンナになんとか数学を勉強させようと手こずっていた。ロザンナは数学のノートに絵を描いていることが多かったのだ。けれども、次はあなたが一二歳でCHSPEを受験する番だと伝えると、がぜんやる気になった。そこで、試験用の練習問題を娘のカリキュラムに組み込んだ。そして、試験を受けても失うものはなにもないと言って聞かせた。もし合格しなければ、またいつでも受けられる。そういう気楽なやりかたが、これまで子どもたちにとってずいぶん自信になってきた。残念ながら、ロザンナは最初の試験では不合格だった。それでもきわめて惜しい点数だったし、一一年生〔日本の高校二年生に相当〕の課程を勉強中だったので、アーラン・ハンコック大学〔二年制のコミュニティ・カレッジ〕の「カレッジ・ナウ！」[*10]に申請することにした。その結果、入学試験ではよい成績をあげたし、初めての授業が「英語一〇一」で、姉と一緒に受けられると知り、かなりの自信を持って臨むことができた。

当時、近所に住む一八歳の学生が同じ大学に車で通っていたため、わが家の娘ふたりを行き帰りに同乗させてくれた。ロザンナは二回目でＣＨＳＰＥに合格した。そして、その夏にはふたつの授業を受けることになった。わたしはふたたび運転係になり、授業中はキャンパス内のトラックを歩いて娘たちのそばにいるようにした。秋になると、ふたりは授業の合間、図書館で勉強するようになった。そうすれば一緒にいられるからだ。クラスメートの多くは、ふたりを高校生くらいの年齢だろうと思っていたようだ。ふたりとも、自分から言いたいと思ったとき以外、ほんとうの年齢は口に出さなかった。わたしは、大学の奨学金申請窓口や入学事務局に書類を提出する際、子どもの年齢がおもてに出てくるたびにひやひやしたものだ。たいていは、どうやってそんな年齢で大学に入学したのかと訊かれるだけだった。ホームスクーリングについて伝え、早く卒業できるわけを話すと、返ってくる感想はほとんどがきわめて肯定的なものだった。

*10　高校生やホームスクーリングで学ぶ生徒が、一定の条件を満たせば大学の授業を受けられるプログラム。

そういうわけで、この時点でわが家には大学生がすでにふたりいた。年齢はそれぞれ一四歳と一二歳だった。

われわれの知識には欠陥があるかもしれないが、享受するその成果には欠陥は存在しない。

——キップ・ハーディング

「子ども時代について思うこと」

セリーナ・ハーディング（執筆時一五歳・二〇〇六年）

わたしの家族はすごいことをしてきたし、周囲の人からは、どうすればそんなことができるのかとしょっちゅう訊かれる。母はその答えを書いて形にしようと頑張っている。わたしもそれを手助けしたい。

母は毎日なにかしら考えては、らせん綴じのノートに書き込んでいるが、そのあいだにも、五歳の子に勉強を教えたり、電話に出たりしている。たいがいは数行かよくても二、三段落ほどしか書く時間がないのだが、書いているノートはいつも同じで、切り取ったページのある使い古しのものだ。たぶん、そのノートはきょうだいのだれかが文章を書くのに使っていたものだと思う。うちは大家族なので、なんでも使いまわす。わたしが以前、三年生用の数学に使っていたノートは今、最初の三〇ページだけ切り取られて、弟の作文ノートになっている。

一冊のノートをじょうずに活用するのと同じように、子育てのしかたも勉強の教えかたも、うまくいったやりかたは使いまわすべきだ、と両親は考えた。とはいえ、ほかの家族も、うちと同じ方針で同じしつけをし、同じ愛情の示しかたをしなければならないわけではない。ただ、どんな家族でも、子どもたちの将来に備えるには、感情面でも健康面でも精神面でも多くの努力をして、家族がひとつになる必要がある。最初のうちはそれを両親がしなければならないし、いつかは子ども自身が、自分の人生を切りひらきたいと思うのなら、そうしなければならない。親は将来の希望を子どもに植えつけることはできないけれど、それを育てることはできる。

どんな子どもにも、伸ばすべき資質がたくさんある。資質とはどういうものか、わたしは親としてではなく、子どもとしての自分の経験を通してしか知りえないけれど、自分自身でもふたつか三つはそういう資質を育ててきたつもりだ。子どもに必要なのは情緒の安定と、論理的に考えられる知性と、肉体的、精神的な健康、そして両親からの愛情だ。わたしの両親は、最後のひとつを決してないがしろにはしなかったし、おかげで、わたしもほかのきょうだいも、それ以外のものがひどく欠けることはなかった。ただ、実践的なレベルでは、初めて子どもができたとき、両親は子育ての専門家からはほど遠い状態だったし、今でも専門家とはいえないと思う(ママ、パパ、ごめんなさい。でもほんとうのことを言っているだけだからね)。

第4章

子育てにやり直しはきかない

勧めを聞き、教訓をうけよ、そうすれば、ついには知恵ある者となる。

——「箴言」第一九章二〇節

変化というものは避けられないし、軍人家族にとってはなおさらだ。夫の再配属に伴って、まもなくわたしたちはアラバマ州のマクスウェル空軍基地に移ることになった。ハンナは、大学間で互換できる履修単位をすでに二六単位以上も取得していたため、高校の成績証明書やSATのスコアを提出しなくても、オーバーン大学モンゴメリー校（AUM）に編入することができた。このように、大学によっては〝編入生〟として入学が許可され、その際、必要な単位数を満たしていれば、成績証明書やSATのスコアは提出しなくてもよい。もしかしたら、娘たちを初めから四年制大学に入学させようとしていたら、事情は違っていたかもしれない。要するに、大学間の互換単位というものが、わたしたちにとっては大学へのおもな〝裏口〟になってくれたのだ。

ロザンナは履修単位数が足りなかったため、モンゴメリーにあるトロイ州立大学（TUM）に編入することになった。この大学は、現在はトロイ大学と呼ばれている。そして、学期をふたつぶん終えたとき、姉と同じAUMに編入することができた（偶然だが、その二年後に夫は経営学修士号（MSM）をトロイ大学で取得した）。わが家にとっては、そのほうがはるかに好都合だった。なぜなら、姉妹がキャンパスで一緒にいられるからだ。AUMならふたりは一緒に授業を受けることができたし、夜の授業もそれほど多くはなかった。トロイ大学のほうは社会人学生が多いため、夜の授業がほとんどだったのだ。とはいえ、大人に囲まれているのには大きな利点もあった。クラスメートはみな忙しい勤め人なので、娘にあまり質問をしてくることはなかったからだ。一三歳の子が大人とうまくかかわれるかどうか心配な場合、こうした状況はうってつけかもしれない。クラスメートとの会話は授業に関するものがほとんどで、個人的なことはさほど話題にのぼらない。

娘たちの大学生活は、授業に出るか、授業の合間の短い時間に図書館やコンピュータ実習室で勉強するかにかぎられていた。女子学生の社交サークルに参加することも、週末のパーティーに行くこともなかった。人づきあいの相手は、ほとんどが教会の友だちや家族ぐるみの友人、近所の友人、きょうだいや親せきだった。実際、もし公立高校に行っていたら無理だったろうと思えるほど、家族と過ごす時間は多かった。高校に通う生徒たちは、やたらに友だちと〝つるんで〟

いたり、放課後の活動やクラブに参加したりして、なんとか集団に溶け込もうとする。学生生活は、校内のうわさ話や大量の宿題に費やされ、大学の単位を取得する暇などありはしない。

高校の履修科目はもっと効率的に、もっと短い期間で習得できることがわたしたちにはわかった。だから、わが家の子どもたちは、きわめて大事な大学の単位を早い段階で取得しはじめることができる。もちろん宿題は多いが、今では学位の取得をめざして懸命に勉強している。いったん大学への入学を許可されれば、高校の成績証明書は用済みも同然だ。なぜなら、ほとんどの大学一年生は、どっちみち一般教養の授業を一から受けなければならないからだ。わが家のやりかたで育った子どもたちは、一〇代になっても同世代の友人からの影響はあまり受けず、両親の考えを重んじている。友人や教師の意見が優先されることはない。子どもたちは自分自身で考え、両親の意見を大切にする。

ホームスクーリングで学び、早期に大学へ行くことは、家族とともに過ごす時間をなるべく多くしたいというわが家の方針にぴったり一致する。子どもたちには、おおぜいの意見に従うのではなく、批判的に考えられる人間になってもらいたいと思う。

だから、「社会性はどうするの？」というよくある質問に対しては、「建設的な社会性を身につけさせたい」と答える。学校という環境に身を置くと、一日に七時間半（バス通学の時間も含めて）も、同じ年齢の子たちとつきあうことになるわけで、そんな社会性は必要がない。そのような環境に意味があるとはとうてい思えないからだ。こんなやりかたで社会性を学ばせたいと思う親がいるのだろうか。われわれ夫婦は、子育てを偶然に任せるよりは、自分たちの手で行なうことを選びたい。偶然に任せるという意味は、わが子が今年はいい教師に当たりますように、映画やニュースでよく耳にするような悪い影響を受けず、家族の価値を共有できるいい友だちができますように、とただ願っているだけ、ということだ。子育てにはたった一度のチャンスしかない。やり直しはできないのだ。わたしたちは、手遅れにならないうちに、わが子によい影響を与えたいと考えている。

アラバマ州モンゴメリーに引っ越したとき、そこは教育環境としては申し分なく恵まれた場所だと感じた。というのも、大学が六つもあったからだ（トロイ大学モンゴメリー校、オーバーン大学モンゴメリー校、ハンティンドン大学、アラバマ州立大学、サザン・クリスチャン大学〈現在の校名はアムリッジ大学〉、フォークナー大学）。しかし、ロザンナが専攻することにしたのは建築学で、なんとモンゴメリーのそれら六つの大学には、建築を学べる学科がひとつもなかった。住む場所によっては、こうした問題が起きない場合もあるし、転居を考えなければならない場合もある。

子どもたちを家で教育し、早期に大学生活を始めさせたおかげで、わたしたちは家族で過ごす時間を最大限にし、外からの影響を最小限にとどめることができた。例外はロザンナの場合だった。トロイ大学は仕事を持つ社会人に合わせて授業が行なわれるため、どうしても夜の授業を受けることが多くなってしまうからだ。やがて建築学を専攻するようになったときは、自宅から車で一時間ほど離れたアラバマ州オーバーンのアパートや寮で暮らすことになり、われわれ夫婦はそれを許した（親たちよ、驚くことなかれ。たしかにこれは危険も伴うが、結果的にはうまくいった）。

その後、独立心の強いわが娘は、みずから望んでアラバマ州西部でルーラルスタジオ〔大学生が、貧しい地域の住宅建築に設計から施工まで携わる実験的な授業の場〕に参加した。これは、オーバーン大学での授業の一環として、実際の住居を建築するコンペ形式のプログラムだ。これほどの独立心を持っていたロザンナは、その後、サンフランシスコで授業を受けたり、オークランドの寮で暮らしたりする心がまえも、このときすでにできていたといえる。

ロザンナがルーラルスタジオの春学期[*11]を終えたとき（二〇〇五年）、夫のキップ（まだ空軍にいた）は現役勤務に戻り、カリフォルニア州サニーベールで、国防契約管理局（DCMA）

*11　日本の大学は一年ごとの単位取得制を取っているため、通常一科目を通年で履修するが、アメリカの大学では学期ごとの単位取得制になっており、一学期ごとに単位を取得できる。学期は大学によって、おもにセメスター制（二学期制・秋学期：九月～一二月、春学期：一月～五月＋夏期：六月～八月）とクォーター制（四学期制・秋学期：九月～一二月、冬学期：一月～三月、春学期：三月～六月＋夏期：六月～八月）とがある。どの学期からでも入学でき、また必要単位を満たせばどの学期でも卒業できる。

の調達担当責任者として働くことになった。ロッキード・マーチン社〔米国大手軍需企業〕との交渉に当たる役目だ。ハンナがオーバーン大学モンゴメリー校（AUM）での学位取得に必要な夏期の授業をあとひとつ残していたため、ロザンナはその修了に間に合うよう、八月二日（彼女の誕生日）に運転免許証を取得した〔アメリカでは一六歳で運転免許証を取得できる州が多い〕。そして八月六日にハンナがAUM開学以来最年少の一七歳で学位を取得すると、八月七日、わが家は車でモンゴメリーを出発した。三台の車のうち、ロザンナが一台を運転することになった。免許証取りたてのほやほやで、アメリカを東から西へと横断する羽目になったのは、当時まだ二か月の赤ん坊だったマリアンナの世話をするため、わたしが後部座席に座らなければならなかったからだ。

カリフォルニア州に引っ越したとき、ロザンナは年齢の条件をすれすれで満たし、オークランドの寮に入ることを許可された。オークランドは、国内でも犯罪率の高い都市のひとつだ。家族はサニーベールで暮らしていたので、ロザンナは毎週末、電車で帰ってきた（親たちよ、これで少し安心してもらえただろうか）。この選択に関しては、わたしも夫も、メリットとデメリットをはかりにかけて迷いに迷った。けれども、夫はいつも、最後には神の意志と娘の決断にゆだねることにしていた。なんといってもそれが本人の希望だったし、わたしたちは娘の足を引っぱりたくなかった。

長女のハンナも次女のロザンナも、カリフォルニア州高校レベル習熟度テスト（CHSPE）を利用して、大学に早期入学していた。このテストに合格すれば、高校課程の修了証明書をカリフォルニア州から与えられる。ただ、CHSPEはカリフォルニア州独自のテストであるため、三女のセリーナはその代わりとしてSATを受けなければならなかった。セリーナは一一歳でSATを受験し、ぎりぎりの得点と高校課程の成績証明書とで、オーバーン大学モンゴメリー校への入学を許可された。一二歳にして大学生となり、初めて受けた授業は夏期のスペイン語で、姉たちふたりと一緒のクラスだった。わたしはセリーナを車で送っていき、駐車場で待っていたほうがいいかどうか尋ねたことを覚えている。娘はその必要はないと答え、大学で勉強できるのが嬉しくてわくわくするし、周囲に気おくれすることもないと言った。セリーナは姉たちと、授業のあと図書館で一緒に勉強する計画を立てていた。ハンナが別の授業を受けているときは、セリーナとロザンナが一緒に勉強する。ロザンナが授業を受けているときは、ペアを変えて一緒に勉強する。つまり、セリーナがひとりきりにならないようにしたのだ。

子どもがふたり以上いる家庭では、こんなふうに受講のしかたを工夫すれば、年下の子でも安心できる。とはいえ、これはわたしたちの巧妙な計画というよりは、神の計らいによって可能になったことだと思っている。わたしは、娘たち三人の授業がすべて終わったころ、車で迎えにいった。キャンパスでともに過ごし、家でも一緒に勉強しながら、三人が肩を寄せ合って成長していく姿を見るのは、なんともいえない喜びだった。その次の学期にはセリーナの授業数を増やすことにしたが、授業の組み合わせはできるかぎり工夫した。その結果、中間試験と期末試験の前には、三人とも昔ながらの徹夜勉強をする羽目になった。実際には、文字どおりひと晩じゅう起きていたわけではない。けれども、姉や妹の勉強につきあって夜中過ぎまで起きているのを、娘たちは楽しんでいた。わたしも高校時代は徹夜をした経験があるし、無性に楽しかったのを覚えているが、そのほとんどは友だちと一緒にいるための徹夜だった。勉強も友人と一緒にするほうが楽しいものだ。娘たちが互いに寄り添って成長し、心から信頼して勉強を教え合っているのを見ると、ほんとうに嬉しくなった。長女のハンナはつねに数学の個人指導をしてくれる。次女のロザンナはほかのふたりより先に物理学の授業を受けたため、ふたりに教えることができた。そして、スペイン語は三女セリーナの得意科目だ。セリーナはスペイン語の授業をほぼすべて終え、きょうだいのなかではもっともスペイン語が堪能なので、姉たちに教えることができた。

こんなふうにそれぞれの得意分野を紹介したのは、自慢したいからではなく、ひとりひとりが異なる才能の持ち主だと伝えたいからで、それはわが家のほかの子たちもみな同じだ。だから、きょうだい同士でライバル心を持つことはない。

娘たちの勉強が進み、それぞれが異なる科目に興味を示しはじめるにつれ、どの子にも天分に恵まれた分野があることがあきらかになってきた。前にも触れたように、ロザンナは芸術的な才能に恵まれ、絵を描くのがじょうずだった。ハンナも同じ美術の授業を楽しく受けていたものの、たぶんこれは自分の得意分野ではないと気づいた。それでも、わたしたち親は、美術の授業を受けないほうがいいとは言わなかった。その授業は選択科目として単位を得られるのだし、ほかに得意な分野を探せばいいからだ。ただ、ハンナはおそらく芸術家にはならないだろうし、本人もその気がないことを、家族が単なる事実として知っておけばそれでいい。

ハンナの頭脳は数学に向いていた。父親とは、難しい数学の問題を前にして、よく長時間語り合っていたものだ。ハンナの数学のレベルが上がるにつれて、父は娘が習っている上級数学の問題を教えてもらいたがった。ハンナの能力はこの分野にあることが、すぐにはっきりしてきた。今では、夫は詩と絵画に才能を発揮している。しかし同時に、数学や複雑な数字パズルを好む。わたしのほうは、詩などとうてい書けそうにない。わたしが好きなのは代数の潔さと、「X＝きちんとした数字」で終わるところだ。もしXがなにか抽象的なものになってしまったら、そこで断念して方向を変え、魅力的な人物の伝記を読みはじめるだろう。ほかにも、健康や栄養に関するものなど、よりよい母親、よりよい妻、よりよい教師になるための本を読むのは大好きだ。

夫もわたしも、自分自身の才能や興味を活用して、子どもたちそれぞれの能力を伸ばす手助けをしているし、親はみずからの才能を子どもの教育に活かすべきだと思っている。子どもには夢を持つようけしかけるだけでなく、その夢を応援するようにしてきた。わが子たちは、両親が好んですることをよく観察していた。たとえば、夫とわたしがどれほど本を読むのが好きかみな知っている。そして、家族全員ダンスが好きなので、いろいろな種類の音楽（ほとんどがヒップホップだ）を大きな音でかけ、ときには居間でダンスパーティーを催したりもする。だから、全員が画家や音楽家にはならないとしても、きょうだいの趣味を尊重したり応援したり（その過程を楽しんだり）することはできる。もし親が文学好きなら、わが子に文章の書きかたを教えるなり、偉大な作家たちについて学ばせるなりすればいい。親がうまく導いてやれば、それを通して子どもは自分の好きな分野を見つけるようになる。

わが家の子どもたちは、ほかの子たちとなにも変わらない。だれにでも、なにかしら得意なものはある。わたしたちはそれを応援しながらも、競争心は持たせないようにしている。それぞれが得意なものを見つけられるようにし、その分野での向上を手助けしていく。生まれつき才能のある分野を伸ばしてやると、それが刺激になって、ほかのことへも興味が湧いてくるものだ。

天賦の才というものはきわめてありふれた資質であり、おそらくはほとんどの人が持っている。

——ジョン・テイラー・ガット

「いたずらっ子三人組」

セリーナ・ハーディング（執筆時一五歳・二〇〇六年）

父は一八歳で結婚したので、兄三人と弟ふたりに囲まれて育ったものの、結婚するまでは、もちろん子どもを育てる経験をしたことがなかった。父が結婚相手に選んだ母もそのとき一八歳で、子育ての見本といえば自分の母親しかいなかった。どうやら、父には子育ての〝秘訣〟があったようなのだが、それが両親や祖父母から伝わったものなのかどうか、わたしは知らない。たぶん子育てをしながら編み出したものではないかと思う。ただ、その秘訣はもともと、人にやさしくし互いに愛し合うべきだという直観から生まれたらしいのだ。ああ、なんと立派な考え！

弟たちが生まれるまでの五年近く、わたしたち三人姉妹は家のなかを駆けまわっていたのだが、それぞれに立ち位置というか、決まった役回りがあった。長女のハンナが〝手の込んだ〟いたずらを考え出す。次女のロザンナはわたしを引きつれて姉に従う。三女のわたしはそれに逆らわない。その結果はご想像のとおり、ほぼ毎回、三人一緒に叱られることになった。いたずらが発覚すると、父はわたしたちに申し開きの機会を与えてくれるので、それぞれが言い訳を並べたてる。といっても、ただおしゃぶりをはずして叫ぶだけだ。「お願い、パパ、許して！」。これはわたしのセリフ。次がロザンナの番で、思いつくことといったら、エデンの園でイヴが言いのがれをしたときと同じような言葉だ。「ごめんなさい、パパ。ハンナがやれと言ったの」。まったく、こんなふうに〝偽りの謝罪〟をする子どもたちときたら……。そして、ハンナが自分の言い分を主張したあと、〝お仕置き〟が下される。もちろん、わたしたちはそれぞれ別の場所へ行って反省をする。ひとりはバスルームへ、ひとりはキッチンへ、ひとりは自分の部屋へ。これはまさしく〝分割統治〟というにふさわしい。もし、わたしたちが反省を拒否する場合は、「鞭《むち》を惜しむと子どもがだめになる」が実行に移される。ロザンナとわたしは涙を浮かべて互いを見やりながら、パパに促されて抱き合う。そしてもう一度謝り、ハンナにも謝る。ハンナも反省を終えて今度は心から謝る。パパも入れて四方向から抱き合ったあと（頬にキスまでする）、わたしはおしゃぶりをさっと口に戻して、涙で濡れた頬をパパに拭いてもらい、なにごともなかったようにその場を離れる。ロザンナは眼鏡の曇りをぬぐって、顔に張りついた髪の毛を払うと、テーブルに戻っていってお絵かきの続きを始める。そのときには、ハンナはすでに庭へ出て木を半分まで登っていて、どうやったらおもちゃの家を飛びこえて着地できるか考えている。

これがお決まりのコースだ。偽りの懺悔《ざんげ》、罰、心からの謝罪、ハグ、キス、そして勉強や遊びに戻っていく。今にいたるまで、このやりかたはつねに有効。パパはある程度まで、きょうだい同士の問題は自分たちで解決させる。手は貸してくれるけれど、ほんとうの解決になるよう、子どもたち自身のやりかたに任せるのだ。形だけの謝罪は受けいれられない。もしだれかが謝りたがらない場合は、野菜を食べようとしないときと同じように、パパはディズニー映画に出てくる〝野獣〟の口調でこう言う。「勝手にしなさい。食事は抜

――きだ」。三人とも、謝罪が済むまで晴れ晴れとした気分になれないし、なろうとも思わない。――

第5章

成績証明書の準備

きょう、わたしがあなたに命じるこれらの言葉をあなたの心に留め、努めてこれをあなたの子らに教え、あなたが家に座している時も、道を歩く時も、寝る時も、起きる時も、これについて語らなければならない。——「申命記」第六章六節～七節

ここで、成績証明書のことを少し取りあげておきたい。ホームスクーリング家庭の親にとって、ともすれば成績証明書はやっかいなものになる。そこで、わたしたち家族がどんなふうに成績証明書を準備してきたか、その経緯を話したいと思う（巻末に子どもたちの成績証明書のサンプルを載せておいたので、もしかしたら参考になるかもしれない）。

本題に入る前に、まずは各教科の〝履修課程〟の仕組みと、子どもがどうやってそれを修了す

るかを説明しよう。

基本的にわが家の子どもたちは、学年レベルも履修課程も、それぞれの興味と能力に応じて臨機応変に選んでいる。したがって、実際には〝九年生〟以下の年齢であっても、九年生の課程を勉強することもある。勉強が進むにつれて、学習課程は九年生から一〇年生へ、そしてその次へと移っていく。こういうやりかたをしても、道義的になんら問題はないと思っている。というのも、うちの子たちはいずれにせよ、ふつうの〝九年生〟に相当する年齢ではなかったからだ。子どもによっては、国語は一二年生だが数学はそうでないこともある。それに、〝一学年〟ぶんを終えるのに一年かからない場合もあるため、どちらにせよ期間の長さはたいして重要ではない。余分に時間が必要なときは、標準的な〝一学年〟の期間を延長しなくてはいけないかもしれない。大事なのは、子どもたちがその課程を修了するということだ。

どの教科でも、課程を修了するいちばんの近道は、科目別の教材を箱入りで購入することである。〝箱入り〟というのは、文字どおり箱に入って送られてくるからだ。ひとつの例としては、第三章でも紹介した「アルファ・オメガ」のワークブックがあり、これなら始めやすい。どの箱にも学年レベルが前面に印刷してあるので、子どもが今どの学年を勉強しているかがわかる。すべてのワークブックを読み終え、各ワークブックの巻末にあるクイズやテスト問題を解いたら（各自の選択による）、それで修了だ。習熟度は七〇パーセントでいいのか、あるいは八〇パーセントか、それとも一〇〇パーセント理解できてから次に進むのか、それは親の判断に任される。

わたしたちは、教材のすべてを子どもが理解するまで、何度でもやり直すべきだと考えている。教材を使って教えるのは、課程を修了させるためだけではないからだ。

わが家では、だいぶ前から大学の教科書を買い集めていたので、それを高校のカリキュラムとして使っている。上級の教材を一〇〇パーセント理解できるレベルまで親が教えられない場合、子どもたちはそこから先をインターネットで調べる。大学の教科書を一冊勉強し終えれば、その教科は高校の履修単位を取得できたとみなしている。

国語の履修単位を与える際、評価の手段としておおいに役立つのは、読んでいる本に関して文章を書かせるか、章の要約をさせることだ。そうすれば、内容を理解しているかどうかがわかる。子どもによっては、ワークブックの最後にある質問に答えたりクイズを解いたりしたがるし、書くだけのほうが好きな子もいる。図書館から借りてきた〝ほんものの〟本（ワークブックではない本）を使っている場合は、巻末に質問もクイズもない。そんなときは、その本についてレポートを書かせると評価しやすい。歴史の本を全巻読み通せば、履修課程を終えたのと同じ力がつく。もし、子どもが大人向けの伝記を読みたがったら、教科書で扱う時代を概観できる補助教材として使えるかもしれない。わたしたちにとっては、教科書より伝記を読むほうが楽しく学習できる。

同じことは理科の勉強にも当てはまる。図書館で借りる一般向きの科学の本は、まず手をつけるにはよい教材だ。もし、子どもが一般向きの読み物を早々と読み終え、たとえば解剖学や創造科学や物理学など、ある特定の分野について詳しく書かれた本を読みたがったら、それはそれでかまわない。学習が進んでいるかぎり、それも履修課程に含める。親は自分の生徒になにを求めるのか、教材をどこまでやれば必要な履修課程を修了したことになるのか、自分で判断しなければならない。

わたしたちが〝臨機応変〟にする理由は、これまでの経験に学んだからだ。つまり、なにをいつ勉強したいかを子どもに決めさせるほうが簡単で、はるかに楽しいうえ、より効率的にことが運ぶ。毎日、聖書と数学を勉強して、書いては読む。楽しみと自由は読むことにこそある。子どもたちは歴史や理科や、それぞれ自分の興味ある分野、たとえばコンピュータや音楽や演劇などの本をみずから選んで読む。もし歴史の本にのめり込んでいるなら、科学の読み物は何日かあるいは何週間かお休みして、歴史の本を一冊なり全巻なり読み終えてから再開すればいい。親は、子どもたちがどこまで本を読み進めているかをつねに確認しておき、進捗状況に合わせて成績証明書に記入する。どの順番で勉強するかはそれほど重要ではない。重要なのは、子どもたちがやる気を持ちつづけることだ。ある程度、選択の自由を与えれば、高いレベルのモチベーションを維持できる。そして最後には、成績証明書に書き込もうと一緒に決めた項目をすべて修了し、卒業を迎える。

これがホームスクーリングのいいところだ。子どもの教育を、ひとりひとりの希望と興味に合わせて組み立てることができる。結局のところ、高校レベルの学習内容が成績証明書にきちんと反映されていればそれでいい。ホームスクーリング家庭によっては、それまで書いてきた作文やレポートなど、学習成果のサンプルを成績の証明に利用しているケースもある。けれども、ときにはそうしたやりかたが〝お勧め〟のようになり、とにかく作業をすれば勉強した気になりかねない。あるいは、まるで下積みの職人のような勉強のしかたになることもある。それは、本章の冒頭に引用した「申命記」第六章六節～七節のやりかたに似ているといえるかもしれない。

これまでのところ、オーバーン大学モンゴメリー校（AUM）もハンティンドン大学もフォークナー大学も、わが家が作成したホームスクーリングの成績証明書を受けいれてくれた。二〇〇三年に申請したトロイ大学には受けいれられなかったが、これはむしろ、当時の娘の年齢によるものだ。そのときセリーナは一二歳だった。トロイ大学からは、〝非公式の〟成績証明書は受理できないと言われた。娘の成績証明書はカバースクール（アンブレラ・スクールとも呼ばれる代替教育校の一種で、ホームスクーリング家庭の生徒を集めて授業を行なったりカリキュラムやイベントを提供したりして、政府の基準に合った教育を受けられるよう支える傘のような役割を果たす）から提出されたものではなく、わたしたちが直接提出したものだったからだ。受理されないならほかへ行こうということになり、娘はAUMで学びはじめ、その後一七歳でハンティンドン大学を卒業した。しかし、嬉しいことに、最近（二〇一三年）になって、トロイ大学の入学担当者と話すことができ、相手が勢い込んで教えてくれたところによると、大学は方針を変更し、ホームスクーリング家庭から提出された成績証明書も受けいれることになったという。けれども、アラバマ州立大学はいまだに方針を変えていないため、〝非公式の〟成績証明書しかないホームスクーリングの生徒には、米大学入学学力テスト（ACT）で二〇点のスコアが必要だとしている。公立学校に通っている場合なら、ACTのスコアは一五点でいいのに［*12］。

それまでホームスクーリングを続けてきて、娘ふたりが一二歳までに大学に入った以上、三女のセリーナが姉たちと同じことをしたがるのは、ごく自然な流れだったといえる。けれども、わたしたちはそのころアラバマ州に住んでいたため、思わぬ障害に突きあたった。カリフォルニア州にあったような高卒認定試験がアラバマ州にはなかったのだ。周囲の州にも電話で問い合わせてみたが、やはりそういう試験は実施されていなかった。高等学校卒業認定試験（GED）［*13］だけはあったが、州によっては、たしか一六歳から一八歳までという受験の年齢制限が設けられていたように記憶している。さいわい、長女がより高い教育を受けようとしていたころ、わが家はカリフォルニア州で暮らしていた。カリフォルニア州高校レベル習熟度テスト（CHSPE）は、高校卒業に必要な全単位を取得したと証明するものではないため、高校をきちんと卒業した

*12　ACTは国語、数学、読解、科学の四分野から成る共通試験で、満点は三六点。志望校に合格するにはその大学の基準点に達している必要がある。

*13　五教科の試験に合格すれば、高校履修課程修了と同等の学力があることを証明する試験。日本の「高等学校卒業程度認定試験」に相当。

と宣言しようとすると、やっかいな問題が生じるかもしれない。それでも、有効な証明書ではあるため、合格さえすれば、子どもが大学へ入学する際、合法性を証明するものとして有利に働いてくれる。

モンゴメリーにある大学を調べてみたところ、高校に通いながら大学の授業を受けられる二重登録の制度はあったものの、高校生に求められる大学進学適性試験（ＳＡＴ）のスコアは、既卒者が求められるスコアよりもかなり高い。要求を満たすのが難しいせいで、公立高校の生徒たちが高度な教育を受けるのを尻込みしてしまうというのは考えものだ。これもまた、子どもたちをがんじがらめにして進歩を妨げている一例だとわたしたちには思える。

以前、ホームスクーリングの集会で、ある人が成績証明書の作成法について話していた。そのとき知ったのは、〝高校レベル〟の学習内容が反映されていれば、〝公式〟な成績証明書として通用するということだ。〝公式〟を引用符で囲ったのは、公式と認めるかどうかは大学次第だとわかったからである。前にも言ったように、トロイ大学は娘の成績証明書を〝公式〟とは認めなかったが、あとの二校は問題なく認めてくれた。だから、もし心配なら、子どもの属するカバースクールか、またはホームスクールの支援組織に依頼して〝公式〟にしてもらえばいい。とはいえ、大事なのは志望校がなにを要求しているのかを把握しておくことだ。

成績証明書の準備を始めたとき、まずオンラインで基本的な書式を調べてみた。しかし、調べたことはほとんど、わたし自身の高校の成績証明書によって白紙に戻ってしまった。古い証明書を引っぱり出してみてわかったのは、人によって成績証明書の内容に大きな違いがありえる、ということだ。わたしが通っていた高校には、スタンフォード大学やカリフォルニア大学ロサンゼルス校（UCLA）を受験する優秀な生徒がいた。彼らの成績証明書にはアドバンストプレースメント（AP）〔高校在学中に大学レベルの授業を受け、単位を取得できるコース〕物理やAP化学や微積分、それに多くの課外活動が含まれていた。わたしがそれを知っているのは、彼らとよく一緒にいたからだ。いっぽうで、必要最低限の科目だけを履修して卒業する生徒たちもいた。たとえば、代数学基礎から始まって消費者数学〔日常の経済活動で使う実用的数学〕で終わるといったように。わたしは、彼らともよくパーティーで一緒になった。そのほかに、頭はよいが学校の授業には刺激を感じない生徒たちもいた。つまるところ、ホームスクーリング家庭が作成すべき成績証明書は、嘘がなく、しかも公立高校生のあまたある成績証明書のどれかに準じた形式であればいいということだ。

夫とわたしの高校時代を考えてみると、学校へのふたりの想いはまったく違っていた。夫は学校には興味を持てなかったのだが、わたしのほうはサンタクララ大学へ行きたいと思っていた。APの単位もいくつか取得していたほどなので、成績はクラスの平均を上まわっていた。要するに、みなの成績証明書が同じである必要はないし、すべての家庭が同じ学習環境にあるわけではないということだ。ホームスクーリングをする親としては、子どもの学習状況を偽りなく評価し、それにもとづいて正直に成績をつければそれでいい。

わが家の場合、上の娘たちふたりが成績証明書を必要としなかったのは、高校二年の課程を学習中に二重登録でコミュニティ・カレッジに入学したからで、そこでは成績証明書を求められることはなかった。その後、高校卒業を認定する試験（ＣＨＳＰＥ）を受けたが、これも成績証明書は必要なかった。やがてコミュニティ・カレッジで正規の学生になり、必要な単位を取得したため、四年制大学に編入することができた。この時点で、四年制大学から高校の成績証明書を求められることはなかった。すでに大学の単位をじゅうぶん取得していたので、編入生とみなされたからだ。この方法は、もし自分たちの暮らす地域で有効であれば、ホームスクーリング家庭にとっては大学入学のための、例の〝裏口〟となってくれる。

なにより大事なのは、子どもが大学に入ったときに、大学レベルの勉強がきちんとできることであって、高校の成績証明書に工夫を凝らすことではない。わが家では、成績証明書なしの場合もありの場合も両方を経験してきたが、成績の記録についても教育についても、誠実さを欠くようなことはいっさいしなかったと思う。

ここで重要なのは、子どもが一〇〇パーセント理解するまで、つまりＡを取れるまで教えるべきだということである。成績をつけるとなれば、子どもたちはＡが取れるまでその科目を勉強する。だから、セリーナもヒースも評価の平均が最高点の四・〇になる。わがホームスクールの信条は、子どもたちの将来を考えて、各科目の内容をマスターできたと親が納得するまで、教材をきちんと教えることだ。数学や国語の理解力が身につき、一定のレベルに達したと確信できたら次のレベルに進む。子どもには、勉強に行きづまったり退屈したりはしてもらいたくない。それどころか、どの子にもそれぞれほんとうに興味のあることを、思う存分追い求めてほしいと思っている。

上の娘たちは大学で優秀な成績を取ったが、もし公立高校に行っていたら、わが家とは異なる方針の教育システムに阻《はば》まれて、かんばしい成績は取れなかったに違いない。公立校では、A以下の成績でも許してしまうし、必要な理解力がついていなくても次に進ませる。なにしろ教室にいる生徒の人数が多すぎるのだ。ひとりひとりに目を配り、すべての生徒がAを取れるまで教える余裕が教師にはない。思うに、教育というのは合格か不合格かのどちらかであるべきで、だれひとり不合格にさせてはならない。理解できていない場合は、科目を履修し直させればいいだけだ。なにもまるまる一学期ぶんかけて履修し直す必要はない。子どもの興味と能力に応じて、四、五週間もしくは二か月ほどで課程を修了してもかまわない。

ホームスクーリングでは、いろいろな科目を組み合わせて勉強することができ、これは子どもの興味を持続させるにはもってこいの方法だ。さまざまな科目を混ぜ合わせていれば、子どもが飽き足りないと感じる分野が出てくるので、親はそれを察し、そこに目を向けさせればいい。難題は、混ぜ合わせた科目をあとで成績証明書にどう反映させるかだが、それでも誠意をもってやっていれば、子どもの能力を評価するやりかたがわかってくるものだ。

アラバマ州の大学に行くことになったセリーナの場合、上のふたりとはやりかたを変えなければならないとわかると、すぐにわたしたちは娘の成績証明書を〝埋め〟はじめた。当時セリーナは一一歳で、高校レベルの勉強を大量にこなしているところだった。そこで、これまでを振り返り、すでに終えていた高校レベルの学習内容をすべて記録していった。そして、それ以降はつねに高校レベルの教材を使い、成績証明書に載せられるようにした。下の子たちに関しては、八歳から九歳ごろ、記載できる科目が出てきたときから、成績証明書を準備しはじめた。一二歳までに大学に行く決め手のひとつは、できるだけ早い時期に、短期間で高校の成績証明書を作成することだ。四年間の高校課程を学ぶのにまる四年を費やす必要はないし、とくに、長期休暇を設けず通年でホームスクーリングをしているのならなおさらだ。

セリーナは優秀な生徒だった。わたしは娘に山のような本を与え、これからこなすべき課題を伝える。本を一冊読んだらレポートを書き、各章の終わりにある質問に答えたり、問題を解いたりするよう指導する。わたしからどんな要求を出されても、娘はすべてを淡々とこなした。そのうえSATに向けた勉強にも取り組み、二〇〇二年の一二月に一一歳で受験した。オーバーン大学モンゴメリー校に入学するためにはなにをすべきかがわかっていたので、姉たちのあとに続くべく、みずから勉強に励んだのだ。

ここで強調しておきたいのだが、大事なのは、セリーナが一二歳までに大学に入ると自分で決めたことだ。夫もわたしも娘ならやれると思っていたものの、彼女自身がそれを信じてみずから望む必要があった。もし、高校の履修課程を〝無理やり〟勉強させていたら、さぞや四苦八苦したことだろう。子どもに無理強いしても、これほどの結果を出せるとは思えない。子どもが自分からやる気にならなければ！　セリーナは医師になりたがっていたし、それが長くきびしい道のりになるのを知っていた。わたしたち親は全面的に応援し、その夢をかなえるための努力に手を貸した。なんといっても、これは娘自身の夢なのであって、親の夢ではないのだ。

コラム

ハーディング学校の数学課程

算数の勉強はまず、朝食のテーブルで、お椀の外にチェリオス〔オート麦入りの朝食用シリアル〕がいくつ落ちているか数えることから始まる。ワークブックを毎日こなしていくうちに、繰り上げや繰り下げ、長除法［*14］などがたちまちできるようになる。どの科目もAを取らないと合格できない。ACTかSATで大学入学に必要な最低限の点数が取れたら、数学の勉強は終わりにしてもかまわない。

*14　割り算の筆算で、商の位ごとに商と除数の積、途中の余りなどを順次書いて計算を進めていく方法。

「ある日の風景」

セリーナ・ハーディング（執筆時一五歳・二〇〇六年）

わが家の居間のソファからは、いっぷう変わった風景が見られる。わたしは今そこに座っている。カトリーナが、買ってきたばかりの大きなパッケージ入りペーパータオルをキッチンに運んでいく。自分の背丈ほどもあるので、視界を遮《さえぎ》られて前が見えない。廊下を歩いていく途中で、本棚のかどにつま先がぶつかる。いっぽう、ピースはパソコンの前に座ってキーボードを叩いている。そして、キースのほうはキッチンを出たり入ったりしている。のどが渇いたと訴えているのだが、ほんとうは、本を読むのに飽きてきたというところだろう。ママはマリアンナのそばに座って、おしめが汚れていないかチェックしながら、子どもたちの学習プリントをファイルしている。こういうわざは、子どもが五人もいれば、どんな母親でもマスターする。カトリーナはママのところに駆け寄り、お留守番をしているあいだに、昼食のフルーツをちゃんと食べたよと報告している。本人もママも誇らしげだ。

こういう風景はわたしには馴染みのものだ。ふつうならありえないだろうけれど、わが家では、なんでもありのこんな状況がまさしくふつうなのだ。ハーディング家では、まったく同じ日が繰り返されたためしはない。居間はわたしたちが勉強する部屋であり、客をもてなす場所であり、映画館であり、ダンススタジオであり、議論を交わす場であり、その日の出来事を報告しあう場所でもある。いっとき、家族同士の伝言メモを冷蔵庫に貼っていたのだけれど、もっと効率的に伝える方法をすぐに見つけた。

わが家ではときおり、三歳の子が家じゅうをスキップしたり走ったりしながら、手作りのメガフォンを手にこう叫ぶ。「早く来ないと食べるものがなくなっちゃうよ!」。うちに来た人は、ちゃんと食べ終えてからテーブルを離れないと、戻ったときにはまず間違いなく残っていないということを学ぶ。わが家には、食事にありつけない子はいないので、食べ物をこっそり持ち去っただれかはたぶん、つまようじのお城の接着剤として、マッシュポテトが必要だっただけだろう。それなら、わからなくはない。とはいうものの、目を光らせているべきは食べ物だけではない。

毎晩、歯を磨くときにスツールを使っているのなら、用心したほうがいい。もしかしたら何時間か前に、ひらめきの天才がキッチンでそのスツールを土台にして椅子を積みあげ、ピサの斜塔を復元してしまったかもしれないからだ。冷蔵庫のてっぺんにあるクッキーを取ろうとして……。

第6章

みんなはひとりのために、ひとりはみんなのために

わが子よ、もしあなたの心が賢くあれば、わたしの心もまた喜び、もしあなたのくちびるが正しい事を言うならば、わたしの心も喜ぶ。

——「箴言」第二三章一五節〜一六節

大学の教室に置かれた椅子が、見覚えのあるものに感じられた。わたしはちょっとのあいだ目を閉じ、二〇年前のことを思い出していた。初めての子を宿していたあのとき、教室のうしろに座って、夫が中級代数学の授業を受けるのを見ていた。あれからほんとうにもう二〇年たったのだろうか。そわそわする気持ちが抑えられないのは、神経が高ぶっているからだとわかっていた。

長男のヒースがカリフォルニア州のフットヒル大学で、中級代数学（講義名は「数学一〇五」）の

授業を受けはじめたのだ。

ヒースは一〇歳だった。

授業を担当する講師はどんな人だろう。教室に一〇歳の子が座っているのを見て、どんな反応をするだろう。ヒースを困らせるようなことを言うだろうか、それともあえていっさい無視するだろうか。みんなの前で息子を冗談のたねにしたらどうしよう。もし、いじめたり質問攻めにしたりしたら？　ヒースが父親譲りの強さを持っているのはわかっていたが……それでもあの子はまだ一〇歳なのだ。もしかしたら、講師はこう言うかもしれない。「すみませんが、親の監督もなく一〇歳の子にひとりで授業を受けさせることはできません」

もしそう言われたとしてもかまわない。車のなかで眠っている六か月の赤ん坊を長女に任せて、このまま教室で息子を見守る心づもりはできていた。

わたしはふたたび目を閉じて、なにごともありませんようにと神に祈った。

ヒースが二回目の授業を受けていた夕方、わたしは駐車場に停めたひんやりとした車のなかで待った。当時、家には六人の子どもがいたが、わたしは四番目のこの子のために大学につきそった。こうしたやりかたがわが家ではふつうになり、いつしかそれが信条になった。つまり、そのときどきにもっとも家族の助けが必要な子を、親は全力で応援するということだ。ヒースはまだ一〇歳だったので、わたしはその学期の月曜日と水曜日は毎回、車のなかで息子を待った。ときには心配でたまらない思いをしながら、しかし、たいがいはその場にいることで落ちつき、静けさを味わいながら……。夫が一緒に来てくれるときは、ヒースが授業を受けている時間を夜のデートタイムにして、喫茶店の片隅で過ごしたりもした。息子には携帯電話を持たせ、なにかあったときには連絡してこられるよう備えた。子どもたちを年若くして大学に行かせる以上、親はつねに安心感を与えなければならないと思う。守られているという感覚があるからこそ、子どもは自信を持って取り組み、すばらしい成果を上げることができるのだ。

このときからほぼ二〇年前、夫がカンザス州フォートライリー軍事基地でセントラル・テキサス大学［*15］の授業を受けていたとき、ヒースの受講科目と同じ中級代数学の成績はCだった。当時、夫は軍人として毎日長時間働き、夜は初めてのわが子の世話で遅くまで起きていた。世話をすべき家族がいると、学位を取得するのは格段に難しくなる。わが家の子どもたちは、父親が毎週末に学校に通い、修士号を取得するのを見てきた。われわれ親は、自分たちの高校時代に宿題がどれほど多かったかを話して聞かせたものだ。公立であれ私立であれ、もし高校に行けばとてつもなく忙しいのだということを、子どもたちは知った。毎日、六時間から七時間も教室で勉強し、そのうえ多くの課外活動をこなして、非の打ちどころがない成績証明書を手にしなければ、いい大学には入れない。さらに、さまざまな社交的義務もある。これこそ、わたしが時間を無駄にした最大の要因だ。とにかくパーティーが多すぎ、男の子が多すぎ、気を散らすものが多すぎた。

けれども、ヒースは気を散らされたりはしなかった。そして、自信に満ちあふれていた。だから、親はことあるごとに、「驕《おご》れるものは久しからず」と教え、謙虚でいてくれるよう願った。また、「目立とうとしてはいけない」ということも頻繁に言って聞かせた。

わたしたちの好きなことわざに、こんな意味のものがある。「愚か者でも黙っていれば賢いと思われるが、しゃべるとそうでないことが判明する」（「箴言」第一七章二八節参照）。そこで、わたしたちはヒースにこうアドバイスした。授業中に発言するのは当てられたときだけにして、そのときには堂々と話しなさい。ただし、これはという質問が浮かび、クラスの生徒たちにも得るものがあると思うときには質問をしなさい、と。

ヒースの授業が始まったとき、最初の何日かは神経をすり減らした。通常、わたしは入学事務担当者や奨学金担当係や教授たちと初めて接触する役を、夫に担ってもらうことにしている。というのも、そういう人たちこそがもっとも手ごわいからだ。夫はどんな肩書きの相手にもまったくひるまない。だれでもズボンは片方ずつしかはけないのだから、と純粋に思っている。しかし、わたしのほうはどうしても気おくれしてしまう。もしかしたら、学歴がないことをどこかでひけ

＊15　本部はテキサスにあるが、国内および海外の基地関係者に大学教育の機会を提供している二年制のコミュニティ・カレッジ。

めに感じているからかもしれない。けれども、わたしと夫とはふたりでひとりであり、神は絶妙な組み合わせをしてくださったと思う。夫は、自分にも妻であるわたしにも誇りを持っている。そして、わたしがどんなに利発で、もし自分の職場に来ればどれほど如才なくやれるかを、ことあるごとに話してくれる。

ほかの人と同じように、わたしにも学んだり同僚と協力して働いたりする能力がある、と夫はいつも言ってくれた。職場で成功するのに必要な九九パーセントはその能力であり、たとえ本人が二〇年間、専業主婦をしていたとしても同じなのだ。そうした自負心は、子どもたちにも存分に注ぎ込まれた。「望みさえすればなににでもなれる」とか「限界はどこにもない」「夢を持てばかなえられる」といった言葉は、わが家では陳腐な常套句などでは決してない。そういう言葉はあまりにも使い古されたせいで、よその子どもたちは自分に当てはめようとは思わないかもしれない。けれども、わが家ではそれこそが子育ての要《かなめ》なのだ。

われわれ親は、子どもたちの夢を育て、学習を進めるためにできるだけのことをし、子どもがみずから選んだ道を進みつづけられるよう寄り添う。あまりにも早い段階で将来の目標を子どもに問うのは酷ではないかという批判を受けたことがある。しかし、この問いはわたしたちにとっては現実的な問いであって、ただ想像して楽しむようなものとは違う。親はきわめてまじめに、子どもに将来の目標を問うているのだ。長い人生のなかで、人は勤め先や職業を何度か替える。おそらく、わが子たちも同じような経験をするだろう。だとしたら、そのプロセスを早く始めてなにがいけないのか。たとえ失敗しても立ち直り、やりがいを求めて進むことができれば、みずから選んだ道で、神のお望みに沿った生活水準を手に入れ、達成感を得ることができるのである。

ヒースが、姉たちの一二歳より早い一〇歳で大学に通いはじめたとき、おのずとこんな疑問が湧いてきた。「少しずつ早くなっていくの？」。もしかしたら、次の子は九歳で大学に通いはじめるのだろうか？　いや、そんなことはないだろう。というのも、次の子であるキースは、ほかのきょうだいよりはるかにシャイだったからだが、それでもどうなるかまだわからなかった。そう、たしかにキースが代数を勉強しはじめたのは八歳になってからだが、なにが起きるかはだれにもわからないのだ。とはいえ、わたしたちは記録の更新をめざしてきたわけではない。どの子も個性を持ったひとりの人間として扱ってきたし、今もそうしている。

子どもが一〇人いるからといって、集団として扱うわけではない。ひとりひとりの子がなにを必要としているかを敏感に察知できるよう、わたしたちは丹念に気を配っている。というのも、こんなに子どもが多いと、ひとりひとりにじゅうぶんな時間や注意を与えるのは無理だと思う人がいるからだ。しかし、夫やわたしが子どもにちょっとした言葉をかけるだけでも、車に燃料を補給するような効果があらわれる。その言葉でタンクを満たしてもらった子どもは、かなりの時間走りつづけられるのだ。子どもの数が多いとじゅうぶんな注意を向けることができない、という誤った考えが世の中にはある。これは間違っているし、とくにホームスクーリング家庭に関しては間違っている。結局のところ、今ではわがクラスの生徒はたったの四人だけであり、二〇人も三〇人も抱えているわけではない。

もしかしたら、わが家が次々と成果を得ているのは、いわゆる「子ども中心の家庭」だからだと思う人がいるかもしれない。しかし、「子ども中心の家庭」の背景にあるのは、すべてが子どもの生活を中心に回るという考えかただ。両親は完全に犠牲になって、子どもの言うことを聞く。車であちらこちらへ送迎し、欲しがるものはなんでも買い与える。もちろん、親が子どものために時間を使うことは心から支持するが、だからといって、それを家庭の核にすべきだとは思わない。むしろ、「夫婦中心の家庭」にすべきだ。夫婦を中心として、その周囲に子どもたちや仕事や人生の大事な目標が、優先順位に従って幾層も重なっていく。夫婦の関係が優先されなければ、なにもかもうまくいかなくなってしまう。

「母親が幸せでないとだれも幸せになれない」とよく言われる。これは半分だけ当たっている。ほんとうは、「母親と父親の関係が幸せなものでないと、だれも幸せになれない」と言うべきだろう。子どもは、両親が愛し合っているのを見れば安心して育つことができるし、周囲にもよりよく適応できるようになる。結婚生活には膨大なやりとりと多くの作業が必要だ。われわれ夫婦は自分たちの関係をなによりも優先させている。時間は互いのために使ってこそ、いい使いかたをしたといえる。夫婦のためにもっと時間を使う人が増えれば、子どもたちもその恩恵を受けるはずだ。

初めての学期が終わったとき、ヒースは履修した中級代数学でAをもらい、最終試験では満点を取ることさえできた。担当教授の配慮のおかげで落ちついて授業が受けられたのを、本人も親も嬉しく思った。だから当然、息子はすぐ次の学期に受講する統計学も、同じ教授の授業を選んだ。

そう、わが家の子どもたちは勉強以外の面でも知恵が回るのである。

「家族のなかのぼくの位置」

ヒース（執筆時一〇歳・二〇〇五年）

これから、わがハーディング家についてぼくの考えを伝えたい。でも、まず初めに自分のことをちょっと言っておこうと思う。ぼくが好きなのは読書とパソコン。一〇歳の子が、シリコンバレーの小さな家で、九人の人間と一緒に暮らしていくというのは、けっこう大変なことだ。自分でもよく生きのびてきたと驚く。この家族の一員になると、いろんな試練に耐えなければならない。たとえば、ママが買い物に行って食べ物をたくさん抱えて帰ってきたら、早く食べたほうがいい。だって、ごちそうは二日もすれば、たちまちなくなってしまうから。それと、「トイレットペーパー補充係（別名は弟のキース）」が毎日一回は補充作業をするので、その間一〇分はトイレに入るのを待たなければならない。

なにか欲しいものがあるとき、「ぼくのほうがずっと年下だから」と言って譲ってもらうには、一〇歳という年齢は大人すぎる。でも、どこかへひとりで行きたいとき、「ぼくのほうが年上で責任を持てるから、ぼくが行くよ」と説得するには幼すぎる。姉たちは、どこかへ行くときぼくがついていこうとすると、こんな手を使う。「あなたが来れば下の子たちもみんな来たがるでしょ」。ぼくの意見では、下の子たちがどこへでもぼくについて来るのは、ぼくのことを〝上の子たち〟に含めていないからだ。ママはよく冗談めかしてこう言う。「おちびさんたちがあなたについていきたがるのは、あなたのことがすごく好きだからよ」。それを真に受けるわけじゃないけど、人気があるというのはたしかに気分がいい。

さて、ぼくのきょうだいを幼いほうから順番にざっと紹介しよう。マリアンナ（二歳）はおさげのちっちゃな女の子で、よく笑い、好奇心いっぱいで、丸ぽちゃで、いつもごきげんだ。〝マックス〟と呼ばれることもあり、ママはマリアンナのことを〝マーマ〟と呼ぶ。しゃべれる言葉はまだ少しで、「アワ」と言えばそれはスペイン語で「アグア（水）」のこと。それから、お昼寝をするときに、添い寝をするママとふたりで〝マーマ〟と何度も何度も言い合っている。ヒスパニックの女性は、女の赤ん坊を〝マーマ〟と呼ぶことが多い。それがなぜかは、アメリカ人であるぼくにはよくわからない。

カトリーナ（四歳）は、姉のハンナが同じ年だったころに瓜ふたつだ。ほとんどいつもきげんがいい。ただし、気分を替えるのがじょうずで、悲しい気分と楽しい気分をすばやく切りかえられる。いじわるな見かたをすれば、もしかしたら大部分が演技かもしれないけれど、四歳の子ならよくやることだ。

セス（六歳）は将来なにになるか迷っていて、候補は消防士、宇宙飛行士、ロボット技師、建設労働者、空手家か相撲取り、警察官だ。どの職業を選ぶとしても、ひとりで本を読めないとだめだということを、セスはごく最近になって知った。相撲取りをめざしていることからもたぶんわかってもらえると思うけど、セスは技を仕掛けたりくすぐったりするのが大好きだ。

キース（八歳）は、きょうだいのなかでぼくにいちばん年が近い。下の子たち四人のなかの最年長でもある。代数はまだ習いはじめたばかり。セスが本を読むときは教えてやったりもしている。

三人の姉たちは、一二歳のときに大学に入学した。ぼくはその記録を破るつもりだ。目標は一一歳までに入学すること。今は、カリフォルニア州高校レベル習熟度テスト（CHSPE）を受けるために勉強している。演技の勉強もしていて、大学では映画制作を学びたいと思っている。

第7章 さまざまな反対意見

するとイエスは言われた、「あなたがたの信仰が足りないからである。よく言い聞かせておくが、もし、からし種一粒ほどの信仰があるなら、この山にむかって『ここからあそこに移れ』と言えば、移るであろう。このように、あなたがたにできない事は、何もないであろう」

――「マタイによる福音書」第一七章二〇節

ホームスクーリングを始めてから今日にいたるまで、あらゆる段階において、わたしたちは批判を受けつづけてきた。そのなかには、子どもの授業を託した相手からの抵抗も含まれている。たとえばヒースは、サンフランシスコ・ベイエリアにあるフットヒル大学で、文章創作を教える初対面の教授に偏見を持たれてしまった。

ぼく（キップ）は、初めてその教授に会ったときのことを覚えている。最初の授業の日、教授はみんなの前でこう言った。「この授業には人生経験が必要です。だから彼にはまだ、たいして書くことがないんじゃないかな」。これは、よく言っても年齢差別だ。教授は、ぼくが息子を教室に残していくことも、この空軍大尉がなにかしら口を出すことも気に入らないようだった。

ヒースと同じ年頃だったある子どものことが頭に浮かんだ。その子は、一三歳の誕生日に日記をプレゼントされた。世界じゅうの人たちにとって幸運だったのは、アンネ・フランクというその少女には書くべきことがたくさんあり、そのおかげで、ひとりの子どもの声が尊敬に値するとわかったことだ。

その最初の授業でも、ヒースはあくまで意志が強く自信に満ちていた。みずからの権利を主張して、ぼくがすすめた椅子にそのまま腰を下ろしていたのを見ると、親として誇らしく感じた。そのときも今もヒースはぼくのヒーローであり、わが子たちはみなヒーローなのだ！

さいわい、この教授は次第に見かたを変えていき、息子に対して好意的に接してくれるようになった。おそらく、作文の課題を何度か与えてみた結果、ヒースがきちんと書けるとわかったのだろう。とはいえ、残念ながら、ヒースは偏見を持って扱われるのがどういうことか、しょっぱなから学ばされる羽目になったのだ。

わが家では、〝否定的な人たち〟について話し合うことがある。彼らは、自分たちにホームスクーリングができない理由や、子どもを早期に大学へ行かせられない理由を、たちまち並べたててみせる。たとえばこんなふうに。

1　「お宅の子どもたちは天才なのでしょう」

　夫もわたしも平均的な知能しか持っていないし、子どもたちも同じだ。SATやACTのスコアもごく平均的なものだった。学業成績平均値（GPA）は高かったものの、これはきちんとした学習習慣がついていたことと、一生懸命に勉強したことの証しだ。長女は学部生のあいだずっと、チューターリング・センター〔キャンパス内にある施設で、上級生から特定の科目の個人指導を受けられる〕に通わなければならなかった。三女はつねに勉強しているし、クラスメートからも助けてもらっている。もともと優秀な遺伝子を持っているのだろうと言う人もいるが、大学生になった六人の子どもたちが全員、天才の遺伝子を持っているなどということがありえるだろうか？　わたしは博士号などの学位はなにも持っていない。一年間通った看護学校の単位とカレッジでの単位が少しあるだけだ。

2　「一二歳の子が大人とうまくやっていけるの？」

　ホームスクーリング家庭の親ならだれでも知っているが、子どもたちは年齢で分けられた経験がないので、どんな年の子ともいい関係が築ける。それが証明されたのは、わが家の子たちが大学に行きはじめたときだ。どの子もほかの大学生や教授と非常にうまく接することができた。上の娘たちの場合、ほんとうの年齢がわかると、クラスメートたちはたいがい驚いた。それまで、高校二年生か三年生くらいだろうと思われていたらしい。ただ、息子たちのほうは、大学のキャンパスで幼く見られることに耐えなければならなかった。というのも、男の子は女の子よりも身体の成長が遅いからだ。

大人とのかかわりでいえば、仕事で忙しい社会人学生が大学にはおおぜいいる事実を忘れてはいけない。彼らは、わが子たちにそれほど多くの質問を向けてはこない。会話はほとんどが授業の内容に関するもので、個人的なことがらではないのだ。

3

「大学のキャンパスにわが子をひとりでいさせるのは心配」

心配を減らす方法はいくらでもある。親が一緒に授業を受けるか聴講する、教室にただ座っている、教室の外で待っている、あるいは、わたしたちがヒースのときにしたように、廊下の先にあるラウンジで待っていてもいい。わが家の場合、年上のきょうだいに同じ授業を受けるよう頼んだり、授業のあいだわたしが子どもを連れてキャンパス内のトラックを歩いたりしていた。「意志あるところに道あり」だ。それから、子どもに携帯電話を持たせれば、母親も父親もいくらか安心できる。

4

「うちの子は一二歳で大学レベルの勉強なんてとても無理」

たしかに、わが子ならできると親が信じないかぎり、子どもが自分ひとりでそんな勉強をするのはほぼ不可能に近い。けれども、もしわが子が学校の勉強をどんどん先に進ませていることに親が気づき、できると思うのならやらせてみるべきだ。高校レベルの科目を勉強できそうになったら、できるだけ早くやらせたほうがいい。わが子のことをいちばんよく知っているのは親だ。わたしたちは今まさに、「そう、あなたの子ならできますよ！」という言葉を聞きたがっている人たちに向かってこれを書いている。

5

「わが子をあまり早く大人にさせたくない」

わが家の子どもたちは、男子の社交クラブ《フラタニティ》や女子の社交サークル《ソロリティ》に入ることはなかったし、週末のパーティーにも行かなかった。そのかわり、家族とともに過ごす時間を多く持てた。もし公立高校に通っていたらそれは無理だったろう。実際、教育にも生活にも自由があるからこそ、彼らは子どもらしさにどっぷりと浸れるのだ。わが子たちは高度な勉強をしているし、大学では大人っぽくふるまっているかもしれないが、いまだに子ども（あるいはヤングアダルト）でいることを楽しんでいる。年下のきょうだいと一緒に仮装ごっこをすることもできれば、大学のクラスメートとディナーに出かけることもできる。公的な教育を受けてきた人の場合、学校教育によって、自分自身の内なる〝子ども〟を永遠に失ってしまうケースが多い。子どもじみたふるまいはすべてよくないと思い込むせいだ。ときには羽目をはずして楽しんだり、子どものような気分になったり、気ままにふるまったりしてもかまわないではないか。ホームスクーリングで育った若者には、子どもらしさを失ってもらいたくない。そのためには、幅広い好奇心を持って生きていくことだ。ホームスクーリングで育つ少年少女たちのほうが、子ども時代を存分に味わう機会がずっと多い。ふつうの学校教育を受けてきた子は、一定の年齢を過ぎるともう子どもではいられないと考えて、子どもらしさを失いかねない。これこそが、〝頭の固い〟大人を生み出すゆえんだが、わが家の子どもたちはそうしたプレッシャーとは無縁である。

結局はこういうことだと思う。つまり、周囲の人が訊きたいのは、「うちの子は早く大学に行けるだろうか？」ということではないのだ。ホームスクーリングについてじっくり考えたことがある人なら、質問はおそらく次のようなものになるだろう。

1　「わが子にもできると信じてよいのかどうか、そして親がサポートできるかどうか」

そんなふうに感じている人にこそ、ぜひ検討してもらいたい。スケジュールにホームスクーリングを組み込めるよう、考えてみればいいだけだ。これは、シングルマザーやシングルファーザーの場合も同じだし、わが友人のひとりがしていたように（彼の子は現在、同年齢の生徒より二学年進んでいる）、ホームスクーリングを学校の補助的学習として始めたばかりであっても同じだ。子ども本人も、実際に飛び級をしてみればすごく楽しいとわかるだろう。ただし、公立校の環境では、たしかにさまざまな困難がある。ホームスクーリングの子には友人づきあいがないと揶揄《やゆ》されるが、皮肉なことに、学校での友人づきあいにはつねに、いじめのような問題がつきまとう。そのため、学校側は体格のいい子からいじめられないよう、飛び級をさせまいとするのだ。それでも、友人の子のように二学年の飛び級ができたのなら、まったくできないよりはいい。どんな子であれ、公立校で二学年以上の飛び級が認められることはめったにない。調べてみればわかる。教員はたいがい、いじめの問題に萎縮してしまうのだ。

2

「経済的な負担に耐えられるだろうか」

ホームスクーリングの場合、「数が多ければ安くなる」が当てはまる。昨今、ひとりの子どもを育てるのに莫大な費用がかかることは、ほとんどの人が知っている。前にも言ったように、ホームスクーリングにかかる金額はひとりあたり年に約五〇〇ドルだが、公立学校では一万ドル近くの税金が支出される。そのうえ、親は毎年新たな学用品を購入しなければならない。わが家では鉛筆や本や洋服を含め、あらゆるものを共用している。ホームスクーリングの費用を捻出したいなら、たとえばブランドものの服を買わないようにするなど、ほかの支出を減らしてみてはどうだろう。あるいは、子だくさん家庭だとわかれば周囲から定期的にお下がりをもらえるかもしれない。そんなものをもらうのは自尊心が許さないだろうか。お下がりをもらえば、それをいちばん下の子まで順々に使いまわせる。これまで、わが家は多くのものをいただいたので、子どもたちはなんでもたくさん持っている。友人も知り合いの家族も、実に寛大にいろいろなものを譲ってくれた。

こちらが相手に寛大であるよう心がけていれば、返ってくるものは一〇倍になる。そして、数字にあらわしがたいのは、子どもたちがもたらしてくれる恩恵だ。彼らは協力し合って家事のしかたを学び、一〇歳の子は下の子の昼食作りを手伝ってくれるし、もっと大きくなれば妹や弟に数学を教えてくれるし、赤ん坊がおしめを替えてもらいたがっているときには、どの子もそれを自分の役目と心得てくれている。

一〇代の学生が大学在学中にアルバイトで得られる賃金は、通常わずかなものでしかないのに比べて、ホームスクーリング出身の学生は早い段階で学位を取得しているため、同じ年齢でその四倍の賃金を得ることができる。彼らはおそらく一八歳かそれ以下で学士号を取得するため、その年齢で社会と向き合うことになるが、いっぽう、職業体験がほぼないままふつうに大学を卒業する人たちは、二二歳か二三歳でようやく社会と向き合う。しかし、そうした経験は遅いよりは早いほうがいい。カリフォルニア州シリコンバレーのベンチャー企業にハンナが就職したとき、それまで就業経験がなかったにもかかわらず、知的で大人びていたため、初めての上司はいたく感心してくれたという。ロザンナの場合は、大学卒業前のインターンシップでさえ、かなりの高給で働くことができた。こんなことを言うのは、なにも嫌味な比較をしたいからではなく、早い時期に自分の足で歩きはじめる若者にこそ、成功がついてくることを示したいだけだ。

家族に一〇代の子がいると実に助かる。ベビーシッターが何人もいてくれるのと同じで、たいそう便利だからだ。友人たちは、われわれ夫婦がふたりでよく出かけることに驚いてこう訊ねてくる。「子どもたちの面倒はだれが見ているの？」。そしてすぐに気づく。「ああ、そうだ。お宅には一〇代のベビーシッターたちがいるものね」。さらにありがたいのは、わが家の幼子《おさなご》たちが、家族と離れる不安をさほど味わわずにすんでいることだ。上の娘たちは膨大な宿題を抱えていながらも、おちびちゃんたちにわずらわされず、しかも目の届くところで夢中になって遊ばせておくすべを身につけつつある。そういう経験を通して、育児にはなんらかの犠牲がつきものだと悟るだろうから、これも親になるためのよい訓練だ。もちろん、娘たちには自由な時間もたっぷりある。わたしたち夫婦が夜のデートで映画を観て、もしいい映画だったら、翌日の夜は娘たちが同じ映画を観にいったりもする。

子どもが車を運転できる年齢になっていても、運転させたがらない親がいるのを耳にするたびに、わたしは驚く。おそらく、親にはそれなりの理由があるのだろうが、実のところ、運転できる子が家にいるとものすごく助かる。うちには予備の運転手が必要なのだ。運転できるというのはひとつの特権であり、家族で出かけるときにはいつも役に立ってくれる。現在、免許取得年齢を引き上げる法改正がなされつつあるのは、無責任な運転をする若者が少しばかりいるせいだ。わが家では、若きドライバーをしっかり鍛えて、人生のきわめて大事なこの時期に、責任を持って運転してもらいたいと願っている。

3

「子どもが必要とする手助けをしてやれるだろうか」

本書の最初に述べたとおり、わたしたちは単なるハウツー本を書きたかったわけではなく、わが家の物語も知ってもらいたいと思っていた。本書をきっかけにして、ひとりひとりの目標に到達するにはなにが必要かを考えてもらえたら、すばらしいことだ（もし早期の大学教育を目標のひとつにするならばだが）。わたしたちは読者になんらかの刺激を与えたいし、その結果、やる気を起こしてもらえたとすれば、それは成功と言っていいだろう。

もちろん、不安はいくつもある。うまくいった家庭は子どもが天才だからだ、とだれもが思う。はたして、一二歳の子が大人とうまくやっていけるのかという疑問も湧く。大学のキャンパスに子どもをひとりでいさせるのも心配だ。大学レベルの勉強など無理だという懸念もある。それに、わが子があまり早く大人になってしまうのも気がかりだ。だからこそ、わが家の物語を知ってもらうことで、失敗を恐れない気持ちを持ってほしいのだ。

これまで、わが家のやりかたに賛同しない人たちから、さまざまな批判を受けてきた。とんでもない呼ばれかたもしたし、ある人気ブロガーには「国民的変人」と書かれた。おもしろいことに、このブログに対するコメントのほとんどが、自分たちのやりかたで子どもを教育しているわが家の権利を擁護するものだった。このブロガーには、よくいる否定論者との共通点がひとつある。彼ら善意の人たちは、わたしたちのことを知っているとわたしたちのことを知っていると思い込んでいるのだ。夫のことは、鬼軍曹よろしく、子どもたちを夜明けとともに起こし、夜までみっちり勉強させ、合間に腕立て伏せまでやらせる父親だと思い込んでいる。たしかに夫は以前、士官学校で教官をしていたので、そういうやりかたを知ってはいるが、子どもに対してそんなことはしない。

こうした思い込みに接したときは、子どもたちと一緒に笑ってしまう。子どもたちはというと、反対意見を言う人たちも、もし実際にわたしたちと会って一緒に過ごす機会があれば、多くの誤解は晴れるはずだと信じている。これは自慢のためではなく、かなり重要なことだと思うから書くのだが、わが子たちが大学在学中、グループのリーダー役を務めることができたのは、リーダー選出の選挙で、相手候補よりずっと年下にもかかわらず、仲間の信任を得られたからなのだ。

無理やり学ばされた知識は頭に残らない。したがって、子ども時代の教育は、義務としてではなく遊びの一種としてなされるべきだ。そうすれば、親はわが子が持って生まれた能力に気づきやすくなる。

——プラトン

ヒース（一〇歳）による弟たち（五歳と八歳）へのインタビュー（二〇〇七年）

ある日、ヒース（当時一〇歳）は、本書の家族像にもっと奥行を持たせようと思いつき、弟のセスとキースにインタビューして、ホームスクーリングと公立学校との違いについて、意見を訊いてみることにした。これが弟たちの答えだ。

セス（五歳）へのインタビュー

Q　ホームスクーリングで気に入っているのはどんなところ？

A　さっさとやれば早く勉強が終わる。そうすれば遊びに行ける！

　教科と教科のあいだに休憩できる。

Q　ホームスクーリングで困るのはどんなこと？

A　書き取りが終わるまでおやつを食べられないこと。

Q　もし学校に行っていたら、どんなことが楽しいと思う？

A　おいしい給食が出てくる。

同じ年の子と一緒にいられる。

Q　もし学校に行っていたら、どんなことに困ると思う？
A　パパやママと離れるのが寂しい。

キース（八歳）へのインタビュー

Q　ホームスクーリングで気に入っているのはどんなところ？
A　ベッドで勉強できる。
さっさと勉強すれば早く終わる。

Q　ホームスクーリングで困るのはどんなこと？
A　きょうだいに気を散らされやすい。

Q　もし学校に行っていたら、どんなことが楽しいと思う？
A　同じ年の子と一緒にいられる。
野外学習に行く回数が多い。

Q　もし学校に行っていたら、どんなことに困ると思う？

A

自分のペースで勉強できない。

朝、早く起きなければいけない。

遅刻しそう。

家族と会えない時間が増える。

第8章　三人の娘たち

このためにまた、わたしたちは、わたしたちの神があなたがたを召しにかなう者となし、善に対するあらゆる願いと信仰の働きとを力強く満たして下さるようにと、あなたがたのために絶えず祈っている。それは、わたしたちの神と主イエス・キリストとの恵みによって、わたしたちの主イエスの御名があなたがたの間であがめられ、あなたがたも主にあって栄光を受けるためである。

――「テサロニケ人への第二の手紙」第一章一一節～一二節

二〇〇七年の四月、軍での勤務が二〇年になったとき、夫は退職金をもらって空軍を辞める決心をした。少佐に昇進できていなかったからだ。軍には「昇進か解雇か」という方針があるため、夫は予備役大尉として引退することになった。夫は型にはまらない考えかたをするほうなのだが、軍では個人の創造性がつねに評価されるとはかぎらない。

まず初めに、夫はシリコンバレーの会社に次々と履歴書を送った。しかし、この近辺で暮らしながら、アラバマ州にいたころの生活水準を維持していくのは相当難しいということがすぐにわかった。そのため、わたしたちは以前モンゴメリーで暮らしていた、七つの寝室がある家に戻ろうと決めた。夫がつねづね言っていたのは、きびしい労働をしなければならないなら、せめて気候が温暖な土地で、ちょっと余裕のある家に住んでもいいのではないか、ということだ。わが家が一九九七年にカンザス州を離れたのは寒さがきびしかったせいであり、その後、カリフォルニア州を離れたのは家が狭くて家賃が高かったせいだ。夫は雪の美しさに魅了されていて、みずからのウェブサイトの訪問者数が増える季節になると、山へ向かいたくなるらしい。ともあれ、わたしたちはなによりもまず、神のお導きになる場所へ行きたいと思っている。当時、移住をためらった理由はただひとつ、娘たち三人を残していくことだった。

そのころ、長女のハンナは一九歳で、ヘイワードにあるカリフォルニア州立大学イーストベイ校で数学の修士課程最後の年を終えようとしていた。次女のロザンナはもうすぐ一八歳になるところで、五年間の建築プログラムをあと一年残していた。そして、三女のセリーナは一六歳。サンタクララ大学に残って学士号を取得すると決め、そう決心した自分は両親より分別があると思っていた。

残していく娘たちにはそれぞれ救いの手が差しのべられた。ハンナとセリーナは、教会の友人たちとサンノゼで暮らすことになったし、ロザンナはキップのやさしい叔母ミミが暮らすサンフランシスコの自宅に居候できることになった。どの娘にも、そこに残るべき相応の理由があったのはたしかだが、子どもたちを一二歳までに大学へ行かせることを構想していたころ、こんな展開になるとは思ってもいなかった。こうなると親は夜も眠れず、どうか娘たちをお守りください、知恵をお授けくださいと祈るしかない。もしかしたらわれわれ夫婦のしていることは間違いではないかと案ずるたび、わたしは何度となく神に許しを乞うた。

おそらく、当時いちばんの重荷を背負っていたのはハンナだろう。懸命に勉強して修士課程を終えれば、自分もアラバマに戻って仕事につき、家族を助けることができると考えていたからだ。夫のほうは空軍にいたころのような給料をもはや望めない以上、ハンナの力添えは不可欠だった。ハンナには、セリーナを毎朝車で送っていくという役目もあった。サンタクララ大学でセリーナを降ろしてから、湾岸地域《ベイエリア》の道路を一時間ほど北へ走ってヘイワードへと向かうのがいつものコースだ。きょうだい全員と一緒にいられないと少し気持ちが落ち込む、とハンナは言っていた。ふたたび家族一緒に暮らすことと、修士課程を終えることを目標にして娘は頑張った。夫は電話やEメールでハンナを励まし、これほど若くして大学院を卒業できるなんてすばらしいことだと何度も言って聞かせた。それから、自分自身が修士課程の勉強をしていたときには、七人の子と、妻のお腹にいる子を養わなければならなかったことも。

ハンナとセリーナは、三か月のあいだ寄り添って勉強し、試験前には一緒に猛勉強をした。ときには、気分転換に〝ダンス休憩〟をとったり、クッキーを焼いたり、お菓子を食べたりもした。週末にはサンフランシスコからロザンナを呼んで一緒に過ごし、頑張って学位を取得するよう励ました。娘たちは三人とも同じ〝大学という船〟に乗り、それぞれの夢を心に刻みつけようとしていた。互いに競争心を持たず、愛情と助け合いで結ばれている場合、姉妹という関係はほんとうに美しい。二〇〇七年六月、ハンナはついに大学院の課程を修了し、そのお祝いとして大叔母のミミが、妹たちと一緒にスペインへ連れていってくれた。

ミミは、夫の子ども時代、つねに母親代わりをしてくれていた。実の母親が精神的な病で入院したり、のちに離婚で会えなくなったりしたとき、夫と五人のきょうだいのためにクリスマスや誕生日を祝ってくれたのは、ほかならぬミミだった。彼女はサンフランシスコのユニオン・ストリートでしゃれたお店を経営していた。

ミミのところに居候していたあいだ、ロザンナはみずから勉強に励み、教会にも通いつづけながら、優秀な成績で卒業した。そして、仲間の建築家と恋に落ちたロザンナをわたしたちは応援し、できるだけ早く結婚するよう勧めた。その後、娘は夫となったセルジオとサンフランシスコで暮らして職も見つけ、セルジオはそこで修士号を取得した。

スペインへの卒業旅行のあと、ハンナはセリーナとともに六つの州を横断して、アラバマ州のわが家に合流した。そして、オーバーン大学モンゴメリー校で研究の仕事を見つけたあと、カリフォルニア州立大学イーストベイ校の数学修士号取得に必要な総合試験を受けた。残念ながら、一度目はすべての分野で合格することはできなかった。もし彼女が〝超天才〟であったなら、この出来事は本人にとって大きな打撃だったろう。しかし、ハンナはみずからを奮いたたせて失望から立ち直り、勉強に打ち込んだ。そして、一一月にふたたび試験を受けて合格。この時点で、大学から正式な学位が送られてきた。

どの子も、苦難を乗りこえてなにかを達成したときのほうが、はるかに深くその喜びを味わえたように思う。ものごとがうまくいかないとき、わたしたちは人生の醜い面をも恐れず子どもたちに伝える。そしてすべてを共有し、家族としてともに祈る。そうすれば、神がその祈りに応えてくださったとき、救いがどこからもたらされたか、子どもたちにもはっきりわかるだろうから。もちろん、ものごとがうまくいっているときにも、それを当たり前とは思わず、家族に与えられるものすべてに感謝するようにしている。ともあれ、その後ハンナはオーバーン大学モンゴメリー校（ＡＵＭ）とフォークナー大学で、非常勤講師として数学を教えることになった。あるローカルテレビ局から、ＡＵＭの〝最年少講師〟として取材を受けたとき、ハンナはこんな力強い言葉を口にした。

「『わたしにはできない』という言葉は、自分に対する最大の嘘です。今、わたしは教師としてそのことを肝に銘じ、生徒を励ましたいのです」

ハンナは大学三年生のとき、リック・ハズバンドの伝記を読んだ。スペースシャトル・コロンビア号の機長だった人物だ。それに刺激を受け、工学で博士号を取得すれば、ミッションスペシャリスト〔スペースシャトル内での実験と船外活動を担当する乗組員〕としてプログラムに参加できる道が開けるのではないかと考えるようになった。だから、この時期、娘は米国航空宇宙局（ＮＡＳＡ）に就職する道を探しつづけていたのだ。ちょうどそのころ、神がまたもすばらしい機会を与えてくださった。タスキーギ大学の大学院で、学費免除生として研究ができることになったうえ、給付金までもらえることになった。ハンナはこの大学で二年間研究し、多くを学んだ。残念ながら、ここでの指導教授は並はずれてきびしい人だった。スパルタ式の指導をしてくれるのだが、それがつねに前向きのものではなかったのだ。この教授のもとで研究していたあいだに、ハンナは以前よりずっと強い人間になった。こうした状況のおかげで、みずからの目標を長い目でしっかり見きわめることもできた。あれこれ悩んでたくさん祈ったすえ、自分の夢はやはりＮＡＳＡで働くことであり、教育環境のかんばしくないその状況で博士号を取る必要はない、と判断するにいたった。

　ふたたび神の恩恵を受け、ハンナは二〇一〇年の五月、機械工学の修士号とともに堂々と大学院を修了することができた。ふたつ目の修士号を取得したおかげで、履歴書は以前よりもずっと頼もしいものになった。

　必要な手続きを済ませたあとハンナが大学を去ってまもなく、夫が勤務先を解雇された。家族に失業者がふたり出てしまったわけだ。ハンナは失業手当を受けることさえできなかった。というのも、大学院研究生として受けとっていた給付金の確定申告をしていなかったからだ。国税庁には借りができてしまった。当時はどこもかしこも人員削減や倒産が相次ぎ、NASAのプログラムはどれも大幅な支出削減がなされつつあり、スペースシャトルのプログラムは完全に停止の見込みとなった。ハンナは、新たな目標を与えてくれるよう、神に祈らなければならなかった。このころは、彼女にとってきわめてつらい時期だった。

それから数か月の失業期間を経て、ハンナはキリスト教系の私立高校で数学を教えることになったのだが、担当する授業は週三〇時間に満たない。経済的にはかなりきびしく、個人的にも自分を試される仕事となった。以前は大学で数学を教えていたので、教室にいるのは学ぶ意志のある生徒ばかりだった。だから、いざ一〇代の子どもたちを目のあたりにしたとき、その実態にショックを受けた。キリスト教系の学校でさえそうなのだ。自身はホームスクーリングで育ったので、仲間同士でつるんだ経験はない。慣れ親しんできたのは家族の愛情だったし、育った家庭では、未熟な行動や敬意を欠くふるまいは許されなかった。そのため、教育を受ける特権を、一〇代の子すべてが喜んで受けいれているわけではないと知り、深く失望してしまったのだ。もちろん、〝イカれた〟高校があることはハンナも映画でいくらか知ってはいたが、当時、わが家が選んで観ていた映画は、もっと知的なものが多かった。娘はすぐに、教師として自分にできることはそう多くないと思い知った。

そのころは、二三歳のハンナにとって苦しい日々だった。娘は、純粋に生徒たち全員を気にかけるよい教師だったからだ。感受性が強いため、どうしても生徒たちの人生に巻き込まれてしまう。夜、帰宅してから涙ながらにその日の出来事を語ることも何度となくあった。親としては、ただ娘の話に耳を傾け、自分にできることだけをすればいいと励ますしかなかった。世界じゅうのあらゆる問題を一日で解決するのは無理なのだ。教室のなかでは生徒たちにいい影響を与えることができたとしても、教室の外で起きる出来事にまで力を及ぼすことはできない。さいわい、その高校はキリスト教系だったので、神への信仰を生徒たち（ほとんどがキリスト教徒ではなかった）に語ることは許されていた。

学年末に職を辞すことにしたのは、非常勤教師の給与では自分自身の生活費を捻出するのもおぼつかなかったからだ。教師を辞めた当初の計画では、バーミングハムで仕事を見つけて、妹のセリーナと部屋をシェアするつもりだった。ところが、結局、職を得られた場所はカリフォルニア州サンノゼで、娘はそこで品質保証の技術者として働くことになった。ハンナが遠くへ行ってしまい、親としてはそばに〝片腕〟がいなくなって難儀をした。（現在はタスキーギ大学に戻り、博士号取得に向けて研究中。うちから通りをちょっと行ったところにあるわが家の貸家で暮らし、ふたたび科学の知識に磨きをかけようと奮闘している）

ロザンナの場合は、そもそも家族がカリフォルニア州へ移る時点で一緒に行きたがらなかったため、歩む道はほかの娘たちとまったく異なるものになった。

わが家がアラバマ州モンゴメリーにいたころ、ロザンナは一般教養課程の必要単位をすべて取り終えると、オーバーン大学に願書を提出した。そして、一五歳の誕生日を迎えるほんの数日前、大学から合格通知を受けた。ロザンナのキンセアニェーラ（スペイン語で〝一五歳〟の意味。ラテン系の女の子は一五歳の誕生日を盛大に祝う）は本人からの合格〝発表〟と、家を出ることとを祝う、ほろ苦いものになった。わが家はこうしたパーティーが大好きで、これからカトリーナ、マリアンナ、ロリーナがそれぞれ二〇一八年、二〇二〇年、二〇二二年に一五歳になるとき、家族でお祝いをするのが楽しみでたまらない。パーティーはさながら大家族の同窓会のようなもので、裏庭でバーベキューをしたり（季節によるが）、家族の文化的ルーツを確かめたりする場にもなる。出される料理は驚くほどの豪華さ。ほかにもセルベッサ〔スペイン語でビールのこと〕、DJかマリアッチ〔メキシコの民族音楽を奏でる楽団〕、ピニャータ〔菓子やおもちゃを詰めたくす玉人形〕、吹き流しのリボン飾り、風船、巨大なケーキなどが場を盛りあげてくれる。残念ながら、男の子のためのこうしたお祝いはわれわれの伝統にはない。といっても、わたしの知るかぎり、わが家の先祖はイギリス人とスペイン人とウェールズ人だけなのだが。文化的伝統を祝う場があると家族がひとつになれるし、子どもに歴史を教えるきっかけにもなるうえ、にぎやかなひとときを存分に味わえる。わたしたちは家族の集まりを心底楽しみ、ハーフバースデー〔誕生日の半年後の日〕のお祝いまでする。ただし、こちらはさほどの準備はしない。

ロザンナの話に戻ろう。大学に通うための部屋をネットで探した結果、ある女子大学院生がハンナとロザンナに部屋を貸してくれることになった。そのアパートはキャンパスまでバイクで通える距離で、モンゴメリーのわが家からは車で一時間ほどのところにあった。ハンナもこのメイン・キャンパスに移ってロザンナと一緒に暮らし、毎週末にはそろって車でわが家へ帰ってきた。

当初、わたしは毎週水曜日の夕方に赤ん坊のカトリーナを連れて車で出かけ、ふたりと過ごすことにしていた。このやりかたなら、週のなかばにも娘たちの様子を確認できてちょうどよいはずだったのだが、結局は週に二回は出向くことになった。というのも、ロザンナが精神的な支えをおおいに必要としていたからだ。

ロザンナが履修していた夏期授業は、さながら建築科の新兵訓練所《ブートキャンプ》のようだった。大学は、秋から始まるプログラムの定員よりもはるかに多くの学生を受けいれたため、猛烈にきびしい課題を出して、どれだけの学生が降参してやめていくか、様子をみることにしたのだ。夫もわたしもこの種のきびしさは経験しているので、敵の戦略を娘に指南することができた。出される課題は、ほとんどが無理難題だった（たとえば、紐《ひも》と糊だけで球体を作れという課題が出される！）。娘は夕方、わたしと一緒に何度も手芸店に足を運び、なんとか材料を探し出して教員の要求に応えようとした。わたしにできるのは、全力を尽くしてとにかくなにかしらを提出するよう励ますことだけだった。それから、模型が乾く深夜まで娘を起こしておくこと……。

作りあげた模型は、かなりよい出来ばえのものもあれば、文字どおり崩壊したものもあった。それでも、この授業の場合、やめないというだけで勝ったも同然なのだと娘はすぐに察した。クラスの人数は毎日のように減っていった。やめないで全力を尽くした者だけが、秋からのプログラムに参加することを許される。ロザンナは一五歳にして、四〇人のうちのひとりに残ることができた。二〇〇四年の夏にその〝勝ち抜き〟プログラムが始まったとき、学生は全部で一二〇人もいたのだ。

メイン・キャンパスでの学期をひとつ終えたとき、ロザンナはルーラルスタジオのプログラムに参加できることになった。いなかの貧しい家庭用に、住宅建築を手がけるプログラムだ。このような実地体験こそ、技術の習得にはもってこいだろう。

こうして、ロザンナはまたも新たなやりがいを見つけてきて、われわれ親をぬるま湯から追い立てようとした。けれども、わたしたちはそのことで娘を咎めたりはしなかった。それこそがロザンナらしさなのだから。わが家の子どもたちは新しいことに挑戦するのを恐れない。当時、大学へ行かせるのはロザンナでまだふたり目だったため、親には解決すべき問題がたくさんあった。たとえば、ルーラルスタジオのプログラム期間中、女子学生たちが滞在することになる寮の寮母とは、腹を割った話し合いをした。その結果、わが家から車で一時間半離れた場所で勉強しているあいだ、娘はきちんと見守ってもらえるとわかり、わたしたちはおおいに安心した。

二〇〇五年、その学期が終わったとき、夫の新たな転任地であるカリフォルニア州へ家族とともに引っ越すよう、わたしたちは娘を説得しなければならなかった。わたしは娘を説き伏せて、願書や作品集を用意させ、カリフォルニア美術大学（CCA）に入学を申請した。美術工芸大学から名称を変更したばかりの大学だ。この大学のことを知ったとき、ロザンナは泣いて転居するのをいやがった。というのも、CCAは〝きちんとした〟建築学を学べる学校ではないと思い込んでいたからだ。そこで、われわれは夫の叔母ミミに協力を仰ぎ、その大学を実際に見学したり知り合いから評判を聞いたりして、本格的に建築を学べるかどうか見きわめてほしいと頼んだ。

プロとして活躍しながらCCAで教鞭をとっている建築家のリストを叔母のミミから受けとると、ロザンナは期待を持ちはじめた。これがCCAのプログラムのすばらしいところで、教員が現役の建築家なのである。なかには、自分の事務所を持ち、現場で指揮をしながら大学で教えている人もいる。こうした環境は学生にとって有利だ。ロザンナは最終学年の一年間を研修生《インターン》として、そして卒業後は就職先として、働き口を容易に見つけることができたのだから。

〝ダダをこねて〟いやがる娘を無理やりカリフォルニアに引っぱっていったことは、今では笑い話で、おもしろいことに、ロザンナはその後カリフォルニアをぜったいに離れたくないと言うようになった。おそらく、親ならだれでも、一〇代の子が思い込みであれこれ言い張ることがあるのを知っているだろう。彼らはどこかにある真実を自分なりに聴きとっているのだから、親は愛情を持って見守らなければならない。

現在、ロザンナは結婚四年目で、働きはじめてからは五年になる。今後の予定としては、愛するサンフランシスコを一時的に離れて、ニューヨーク市のクーパー・ユニオンで一年間の修士課程プログラムを履修することに決めている。ある日、娘はわたしに電話してきて、競争率は非常にきびしいものの、奨学金が全額給付されるそのプログラムに申し込むべきかどうか相談してきた。もちろん、自分の夢を追いなさいと励ました。それがつねにわたしの答えだ。

数年前のロザンナの場合と同じように、セリーナも大学をやめて家族と一緒に引っ越すのをいやがった。泣きながら話し合いを重ね、わたしたちは家族とともに引っ越すようセリーナを説得した。当時、彼女は一六歳で大学三年生だった。それは二〇〇七年四月、夫が現役を引退し空軍を辞めようとしていたときのことだ。そのころ、セリーナはカリフォルニア州サニーベールの実家から、サンタクララ大学（SCU）に通っていた。もう一年通ってその大学を卒業するのが本人の希望だった。結局、家族は四月にカリフォルニアを離れたが、娘たちはそこに残って春学期を終えることになった。

以前、ロザンナが年若くして家を離れたとき、われわれ親はたいそう胸の痛む思いを味わったものだ。最後にはそれがいい結果をもたらしたのはわかっているものの、それでもまだセリーナを手放す心の準備はできていなかった。大学という場には、子どもたちを惹きつけて目標に向かわせる魅力があるため、歩みはじめたその道を変えさせるのは簡単ではない。二〇〇五年に夫の転任で家族がカリフォルニアへ移ることになったとき、ロザンナはひどく動揺したものだ。けれども、あとになるとカリフォルニアへ〝無理やり〟連れていかれたことを感謝していた。そして今、セリーナは〝無理やり〟アラバマへ連れ戻されたことを感謝している。

アラバマ州に移ったあと、わたしたちは友人から、オステオパシー医学博士（DO）[*16]というう課程があることを教えてもらい、これがセリーナにとってはおおいなる恵みとなった。アラバマへの転居によって、セリーナはハンティンドン大学でもう一学期ぶんの単位を履修しなければばならなくなったが、家族ができるだけ一緒に過ごすのはなににもまして大事だ。二〇〇七年の八月、ロザンナのほうは一八歳になろうとしており、あと一学期を終えれば学位が得られるところだったため、カリフォルニアにとどまって、夫の叔母ミミを頼るのがよかろうということになった。かつて、キップが子どもだったころ家族同然に接してくれたように、ロザンナのことも孫としてかわいがってくれるだろうから。

叔母のミミが娘たち三人をスペインに連れていってくれたあと、セリーナはわが家へ戻り、すぐさまオンラインで速習コースを受講してから、医科大学入学試験（MCAT）〔学士号取得後、メディカルスクールに入学するための共通試験〕を受けた。その成績があまりよくなかったため、すんなりとメディカルスクール［*17］へ進むことは難しくなった。それでも、何時間もかけて願書をそろえ、メディカルスクール何校かに送った。出願には多額の費用がかかったし、小論文も大量に書かなければならなかった。同じころ、娘はわが家のかかりつけ医の産婦人科クリニックでスペイン語の通訳として働きはじめ、そのおかげでスペイン語が格段に上達した。

メディカルスクールから不合格通知が届いたあと、神が出会わせてくれたのが（文字どおり、

*16　一九世紀後半の米国に端を発する整骨医学で、全人的医療を重視し、整体の要素を組み込んでいる。卒業後は医学博士と同じ研修を行ない、研修後は同じ資格で臨床に当たることができる。

*17　医師養成のための四年制大学院。二年間の基礎医学と二年間の臨床医学および病院実習が課せられる。

わたしたちは公園でばったり出会った）わが友人で、彼女はオステオパシー医学に学生を勧誘する協会でたまたま働いていた。なんという恩恵だろう。それまで、わたしたちはオステオパシー医学という言葉を聞いたこともなかった。初めのうち、セリーナはひどく懐疑的だった。〝ふつうの〟メディカルスクールに行かない選択肢を考慮するのさえいやがったほどだ。そのため、また も父親が弁舌をふるい、「とにかくパパを信じろ」と娘を説得することになった。娘は父親に説得され、勧誘してくれたわが友人から説明を聞いた。その結果、オステオパシー医（DO）になるには、通常の医学博士（MD）になるのと同じ基礎訓練を受け、同じ国家試験を受ける必要があるとわかったため、娘は願書を提出することにした。オステオパシー医学というのは、基本的に通常の医療とは別のアプローチをするもので、薬物治療に重きを置かず、手技を用いて全身の機能改善をはかる。調べてみると、軍ではDOとMDは同等に受けいれられることもわかった。いずれにせよ、オステオパシー医学はわが家の医療に対する考えかたとも一致しており、すべてがどんぴしゃりだったわけだ。こうして、わたしたちはまたも裏口を見つけた！

セリーナは、年のわりにとても分別がある。それは、神に祈るべきことがらは神にゆだね、神の意志を信頼しているからだ。人生全般のことに関しては、父親のアドバイスを聞きたくて頻繁に電話してくるが、それもたいがい、父親なら〝人間関係の問題〟をどう解決するか知りたがってのことだ。セリーナはハンティンドン大学四年生のとき、学生大使やクラス委員長に選ばれた。その後、メディカルスクールでもリーダー的な役割を何度も担うことになる。はきはきとした性格で社交的なのだ。おおぜいの前でうまく話す能力は、父親から譲り受けたものだろう。自分よりずっと年上の人たちとどう接すればいいか、たいていは直観的にわかるらしい。おそらくそれは、セリーナが三番目の子として、いつも姉たちについてまわりながらふたりのやりかたを観察し、そのうえ、下のきょうだいたちをリードする機会も多かったからではないだろうか。

二〇〇八年の五月、セリーナは一七歳にして、ハンティンドン大学の最年少卒業生のひとりになった。大学はずいぶん前の火事で古い資料を消失してしまったため、これまでの最年少卒業生が何歳だったか、たしかなことはわからなかった。それでも、嬉しいことにセリーナの写真が地方紙『モンゴメリー・アドバタイザー』に掲載された。

セリーナはフィラデルフィア・オステオパシー医科大学ジョージア・キャンパスへの入学を許可され、微生物学の修士課程を履修することになった。修士課程での成績がよければ、医学博士課程の面接を受けるチャンスができる。オステオパシー医科大学を受験するにあたっては、ヴァージニア州、ケンタッキー州、アリゾナ州、ミズーリ州の大学へも面接を受けにいき、数校から合格通知を受けとった。医科大学から初めてよい知らせが届いた嬉しさに娘は涙し、どの大学に行くべきか熟慮に熟慮を重ねた。その結果、ジョージア州のオステオパシー医科大学へ行くことに決め、ほかの四校への入学を辞退した。合格できたということは、医学の才能を見抜いてもらえた証拠だ。大学での最初の一年間、神の采配によって一七歳の娘はわが家を離れ、夫のいとこの家で暮らすことになった。こうした好意には感謝するばかりだ。親としては、子どもたちを急《せ》かせて引っ越したことを、もはや後ろめたく感じずにすむ。最初はがっかりしていた娘が、今や喜びに満ちあふれていた。大学ではクラス委員長に選ばれ、クラスの代表として大学職員との話し合いにも参加するようになった。

セリーナは、自分にできることであれば、大事な役割を喜んで引きうける。わたしなら、みずから進んで余分な仕事を引きうけようとはまず思わないが、セリーナの場合、できることは少しでも改善しようとする。あるとき、クラス委員長会議の席で、全国医学生会議の運営改善を呼びかけた。そして次には委員会を立ちあげ、プロジェクトの準備を始めた。このプロジェクトの意義が学校側に伝わり、娘はもうひとりの学生とともに、大学の費用でワシントンDCとボルチモアへ派遣され、医学生会議の改革を訴えるスピーチをしてきた。その後、サンフランシスコでの会議にも派遣され、そこではもうひとりの学生とポスター発表を行ない、医療ボランティアでペルーに行ったときの成果を発表した。

二〇〇九年八月、セリーナは軍の奨学金を受け、一八歳にして海軍少尉に任じられた。入隊は一九歳からという規則があるため、採用担当官は上官に特別な許可を得なければならなかった。神は、医科大学の学費が高額であることを察し、いつもどおり救いの手を差しのべてくださったのだ。セリーナは最初の国家試験に合格し［*18］、それまでよりはわが家に近いバーミングハムの病院で、三年次と四年次の臨床実習ローテーションを行なった。以前はアラバマ大学の医学生としてバーミングハムに行きたいと熱望していた〔アラバマ大学バーミングハム校は付属病院を備え、医学教育で有名〕のだが、実際はオステオパシー医大の学生として、バーミングハムやその周辺の病院で学ぶ夢をかなえた。いずれにせよ、オステオパシー医療は、患者を総合的に診察すべきだというセリーナ自身の信念に合致していたのだ。

セリーナは今、翼をかたどった夫の空軍バッジ一式をもらいうけ、白衣の下につけている。二〇一〇年の七月、ロードアイランドでの夏期実習修了時には、誇らしげにこのバッジを海軍の制服の下につけていた。

現在、セリーナは海軍の軍医としてメリーランド州ベセスダにしばらく滞在し、専門臨床研修を行なっている。強い使命感に駆られて、よき医師になるべく奮闘中だ。今後、いよいよ患者のために尽くせるのを楽しみにしてもいる。神はご自身の目的のために、娘を存分に使おうとなさるだろう。わが家のどの子にとっても、それは同じだと心から信じている。わたしが、リック・ヘスとジャン・ヘスの著作『大家族（*A Full Quiver*）』という感動的な本から学んだのは、もし夫婦が子どもの数を制限してしまったら、次なるモーツァルトや次なるビリー・グラハム〔アメリカの有名な福音伝道師〕や、次なるハーディング家の子を失いかねないということだ。これは世界じゅうの家族

＊18　医師国家試験は三段階形式で実施され、最初の試験はメディカルスクールの二年次修了時に行なわれることが多い。

にとって、そしてこれから結婚する男女にとっても大きな不幸だ。人々はもはや大人数のにぎやかな家庭を望まずに、小さな理想と、目の前の結果と、平凡な将来像に甘んじている。しかし、神の御言葉をもっと信じるべきだ。神は「産むな」とも「ひとりかふたりにとどめよ」とも言わず、こう言っている。「生めよ、ふえよ」（「創世記」第一章二二節）

「たべものはなんのため……」

ヒースとキース（書いたのは小さかったとき）

たべものはおおきくなるためにあって、ごみになるためじゃない。
たべものはかむためにあって、つかむためじゃない。
たべものはよろこぶためにあって、こぶをつくるためじゃない。
たべものはたべるためにあって、こねるためじゃない。
たべものはやくためにあって、ゆするためじゃない。
でも、たべもののいちばんだいじなやくめはこれ。
たべものは人とわけあうためにあって、ぶつけあうためじゃない。

「キツネとウシ」
ヒースとキース

むかし、はこ《ボックス》のなかに、キツネ《フォックス》とウシ《オックス》がくらしていました。
あるとき、にひきともみずぼうそう《チキンポックス》にかかってしまいました。
にひきは、おもいきりかきむしりました。
でも、よるになるまで、かゆみはおさまりませんでした。
つぎのひのあさ、ウシがたべたのはトーストとジャム。
キツネがたべたのはたまごとハム。
それからずっと、にひきはたくさんわらってしあわせにくらしました。

詩を書かせる利点は、子どもがみずからの可能性に目覚めるところにある。詩を書きながら、子どもは類語辞典《シソーラス》の使いかたを学び、文章の組み立てかたを学び、文字を芸術として見たり言葉を視覚的に捉えたりすることを学ぶ。できあがった詩を褒めてやったときの笑顔や喜びを目にすると、こちらもほんとうに嬉しくなる。

第9章 そのほかの子どもたち

わが子よ、あなたは父の教訓を聞き、母の教を捨ててはならない。それらは、あなたの頭の麗しい冠となり、あなたの首の飾りとなるからである。
——「箴言」第一章八節〜九節

親が子どもの進路に口をはさむと、本人のやる気をそいでしまうことがある。数年前、長男のヒースが経験したのはそれだったかもしれない。そう思うにいたったのは、わが家では初めて、ヒースが学期の修了時にCをふたつもらってきたからだ。

夫の失業後、わたしが仕事に復帰すると、ヒースは赤ん坊の世話係としておおいに役立ってくれた。夫は働いてはいなかったが、依然として博士論文にかかりきりになっていた。ヒースは勉強と赤ん坊の世話に加えて、アルバイトもしはじめた。わが家の子どもたちはこれまで、学校に行きながらアルバイトをしたことはなかった。子どもたちにはつねづね、いい成績を取ることと、その結果として奨学金を得ることに全力を尽くすべきで、ある意味それがあなたたちの仕事なのだ、と言い聞かせてきた。しかし、ヒースは本気で仕事を探し、〝チックフィレイ〟〔チキン専門のファストフード・レストラン・チェーン〕で接客の手伝いをするアルバイトを見つけた。

もしかしたら、実家から離れた映画専門学校に通わせるのを親が渋ったため、ヒースはやる気を失ったのではないかと夫は考えた。映画を学ぶにしても、まずは集中して英文学を勉強しなければならない。プロデューサーや監督や映画脚本家になるには、文章力がものをいうとわたしたちは判断した。ヒースにとって、英文学は喜んで勉強したい科目ではなかったが、実家の近くでできる勉強がそれだったのだ。こうした問題にわたしたちは対処しなくてはならないし、ホームスクーリングをしていればおそらくどの家庭でも同じだろう。

ヒースはよく冗談交じりに、姉たちが一二歳までに大学に行ったなら、自分はもっと早く行くことにする、などと言っていた。空軍での転任によってわが家がアラバマ州に引っ越した当時、ヒースは高校課程の成績証明書を作成するため、猛勉強をしていた。ところが、ふたたびカリフォルニアへ移ることになったので、ハンナやロザンナが受けたのと同じカリフォルニア州高校レベル習熟度テスト（CHSPE）を受けられることになり、わたしたちはとても喜んだ。とはいえ、受験をしたとき息子はまだ一〇歳だった。一回では合格できなかったものの、二重登録でフットヒル大学の授業を受けはじめた。高校レベルを超える勉強をしているのだから、大学での単位は高校課程の成績証明書に書き加えることもできる。

ちょうどこのころ、メディアがわが家の子どもたちに注目しはじめた。

ヒースはちょっとした有名人になった（ほんの束の間だが）。ハンティンドン大学がヒースの話題を発信すると、わが家の電話がひっきりなしに鳴りはじめた。いくつかのローカルテレビ局からインタビューを受けたあと、ついにヒースとセリーナがＣＮＮ（ケーブルテレビ向けのニュース専門放送局）の番組に取りあげられた（わが家のウェブサイトで視聴できる）。番組ではわが子たちが〝頭のいい子どもたち（the Brainy Bunch）〟として紹介された。そんな言いかたは相当おかしいと思ったが、ニュース番組のレポーターはたいがい、わが家の子どもたちをいかにも天才の集まりのように見せたがる。子どもたちが一二歳までに大学に行けたのは、ひとえに神の恵みとホームスクーリングのおかげだといくら説明してもだめなのだ。その後、「エレンの部屋」（コメディアンのエレン・デジェネリスが司会を務める有名なトーク番組）からヒースに出演依頼があり、その数時間後には、ジェイ・レノ（コメディアンで、トーク番組の司会者）の番組スタッフからも出演依頼の電話がかかってきた！　家族はみなわくわくし、依頼を両方とも受けようとしたのだが、そのふたつはライバル番組であるため、ジェイ・レノの番組スタッフからはどちらかを選ぶよう言われた。エレンの番組を選ぶことにしたのは、そちらが先に依頼してくれたからだ。しかし、取材が何週間も延期された結果、向こうはわが家に興味を失い、わたしたちがその番組に取りあげられることはなかった。

ハリウッドというところは実に気まぐれだ。一瞬熱くなったかと思うと、次の瞬間には冷めている。その後、わたしたちはトリニティ・ブロードキャスティング・ネットワーク〔キリスト教系テレビ放送網〕の「わが町の喜び」という番組と、WSFA〔モンゴメリーのニュースを配信するローカルテレビ局〕の「アラバマ・ライブ」という番組に出演した！　しかし、なにより嬉しかったことのひとつは、メアリー・プライド〔ホームスクーリングや教育関係の著作を手がける作家・編集者〕が編集する雑誌『プラクティカル・ホームスクーリング』に記事を載せてもらえたことだ。その二、三か月後には、ハンナが〝オーバーン大学の最年少講師〟として新聞とテレビに取りあげられた。そして、二〇〇八年の秋、ピーコック・プロダクション（NBCの子会社）からカメラクルーがわが家にやってきて、リアリティ番組〔素人の日常をそのまま映してドラマのように仕立てた番組〕シリーズの候補として、何シーンかを二日がかりで撮影していった。彼らはその〝プロモーションビデオ〟をTLC〔アメリカのケーブルテレビ局〕に売り込んだのだが、どうやら局側は、ジョンとケイトのゴスリン夫妻が繰り広げる悲しい物語［*19］のほうが金になると踏んだらしい。カメラクルーが来たとき、わたしはわが家の事情を話した。ホームスクーリングで子どもたちに勉強を教えたり、夫が学位を取得するあいだパートで働いたりしていたため、わたし自身は学位を持っていないのだ、

*19　夫婦と八人の子どもを映したリアリティ番組は大人気になったが、その後、夫婦は番組放映中に別居、離婚にいたる。

と。伝えたかったのはつまり、わが家の子どもたちが成果を上げていることと、ホームスクーリングで学ぶ子のほとんどが、両親の教育レベルにかかわらずよい結果を出しているということだ。たとえ母親が高校を中退していたとしても、子どもと一緒にカリフォルニア州高校レベル習熟度テスト（CHSPE）を受ければいいのであって、わたしのように、子どもたちがテストを受けているあいだ、駐車場でただじっと待っていることはない。

ハリウッドのテレビ局は、天才児たちに会えると期待してわが家にやってきたのかもしれないが、そこで見つけたのは、ホームスクーリングで学び、キリスト教の世界観と保守的な価値観で育てられている、ごくふつうの子どもたちだった。こういう話はもっと語られていいと思う。そうすれば、だれにでもできると知ってもらえるからだ。

二〇一一年、大学院生になったヒースは、学部生のときに比べてずいぶん背が高くなったのだが、それでもクラスメートに混じると目を引いた。トロイ大学に通いはじめた時分はまだとても幼く見えたし、運転もできなかった。修士号を取得したとき、すでに声変わりはしていたものの、周囲の人たちは、ヒースがコンピュータ・サイエンスの修士号を持っていることを知ると驚いたものだ。ほぼすべての科目で、ヒースは優秀な成績を収めていた。数学に関してはそばにいるハンナに助けてもらえたし、スペイン語は母親が助け、英文学のレポートでは父親が腕利きの校正係になってくれた。セリーナは理科を得意としていたし、ヒースがまだセリーナよりずっと背が低かったころ、ふたりは一緒に音楽鑑賞の授業を受けていた。大学のキャンパスで弟を連れて歩いても全然気にしないほど、セリーナは大人だった。むしろ、弟を誇りに思う気持ちが強かったため、一緒に行動するのをいやがることはまったくなかった。

ヒースはトロイ大学の大学院でコンピュータ・サイエンスの学位を取得したが、その科目を選んだのは、進むべき道がきちんと決まるまでの安全策としてだ。親としては、コンピュータ・サイエンスなら、ヒースが成績を落とさず、やる気を持ちつづけてくれるだろうと期待したのである。

これまで、子どもたちに勉強を強要する必要はまったくなかった。みな、自分の夢をめざしてみずから頑張ってきた。ひとつずつ段階を踏んで次へ進んでいけば、目標に近づけると知っているからだ。

セリーナは、少女のころ医学への使命を感じとった。しかし、親が子どもの心に使命を植えつけることはできない。親にできるのは、子どもたちをそれぞれの途上で導くことと、使命と感じるほどのものに出会えるよう願うことだけだ。子どもには、夢をかなえたければ小さいうちになにを学んでおくべきかを教えたほうがいい。もし子どもが途中で進路を変更しても、それはそれでかまわない。そのときは子どもの話を真剣に聞き、あとは知恵を授けてくださるよう神に祈るだけだ。神はきっと授けてくださる。

次男のキースは、五歳のときすでに字の読みかたを知っていた。ひとりで学ぶのが得意で、わが家では音楽にまっとうな関心を示した初めての子でもあった。あるとき、キースはハンナのクローゼットから壊れたバイオリンを見つけてきて、修理したいので費用を出してほしいとハンナに頼み込んだ。セリーナはハンティンドン大学の音楽専攻の友人に、週二回ほどわが家に来て弟にレッスンをしてくれるよう頼んだ。わが家には、以前からピアノが一台あることはあったが、子どもたちに無理やり練習させたことはなかった。いつかきっと、子どもたちのだれかが音楽に本気で興味を示すだろうから、そのときはレッスンにお金をつぎ込んでもいい、と考えていた。そう、キースは本気だったし、これが自分のやりたいことだ、ぼくは音楽を専攻したいと宣言して、わたしたちを喜ばせてくれた。

そこで、キースが一〇歳になると、われわれ親は高校にいる進路相談員のようないつもの役割を果たすべく、高校の課程でなにを勉強すべきか、詳細な計画を立てた。息子は米大学入学学力テスト（ACT）を受けるための勉強を始め、その様子からは決意の固さがうかがえた。ところが、この大事な時期に、わたしはパートだった看護師の仕事を、夕方からのフルタイムに切りかえなければならなくなった。家事全般とホームスクーリングと仕事をバランスよくこなすのは至難のわざだ。そこで、ホームスクーリングのやりかたをなんとか合理化しようと、オンラインの数学個別指導プログラム「タブレット・クラス」を始めてみた。すると、「サクソンの数学」という教科書で勉強をしていたキースにはこれがぴったりで、強力な助っ人になってくれた。キースはACTを二回受験し、一一歳の誕生日のすぐあとにフォークナー大学から合格の知らせを受けた。合格の電話があったのは、夫婦で映画館にいたときだ。わたしは、喜んだのはもちろんだが、かなり驚きもした。というのも、夫とキースがわたしに黙ってフォークナー大学に願書を出していたからだ。

わたしは夫と一緒に車でキースを大学に連れていき、新入生のためのクラス分け試験を受けさせ、担当アドバイザーと面会した。アドバイザーの助言で、〝初年度教育〟〔新入生を対象に、マナーや学習スキルを教えるプログラム〕と一年次の体育の授業は受けないことになった。これは賢明な判断だったと思う。そこで、まずは六単位（科目ふたつぶんに相当する）を受講し、大学生活に慣れていくことにした[*20]。わたしたちは息子がきちんと勉強しているかどうかをこまめに確認し、本人と一緒に講義要綱《シラバス》[*21]をよく調べて、大学の授業ペースについていけるよう見守った。そして、次の学期には一二単位ぶんの授業を受けると本人が決めた。

夫もわたしもつねづね、「そんなにたくさん受講して、ほんとうにだいじょうぶなの？」と子どもたちに確かめている。これまでも、子どもたちは履修科目が増えると喜び、一五単位まで取りたがることとさえあった[*22]。どの子もたいてい、履修科目を増やさなければならない理由を

*20　アメリカの大学では一般的に一科目につき週に三時間の授業があり、三単位となる。
*21　アメリカの大学のシラバスには、授業の概要や読むべき文献など受講に必要な情報が掲載されている。
*22　一学期に履修する単位数は一五単位が一般的。週一五時間の授業を受けることになる。

親に力説してくる。早く卒業して、次に進みたいのだ。こんなふうに、自分できちんと学習スケジュールを立てている姿を見ると、わたしたちは感動してしまう。

キースは初年次にすべての科目でAを取り、二年次はBがふたつであとはAだった。そして、学内オーケストラとマーチングバンド〔行進しながら演奏する吹奏楽団〕でクラリネットの演奏も始めた。こうした活動には奨学金が給付される。わが家では、毎晩のようにバイオリンやクラリネットやピアノの音が響く。家族に音楽を志す子がようやくあらわれたのは、すばらしいことだ。

今後、本人はほかの州にある大学院に行きたいようなのだが、フォークナー大学の卒業時にはまだ一五歳なので、親としては心配だ。どうにか息子を説得すべく、オンラインで学位を取得するか、あるいは起業でもしてみたらどうかと話している。とはいえ、これはぜいたくな悩みだと夫もわたしもわかっている。少なくとも、彼らは授業をさぼったり、ドラッグに手を出したり、なにかしら恐ろしいことをしでかして、親を警察署まで迎えにこさせたりはしていないのだから。

一年前、わたしは六番目の子セスが、お手製の刀と盾《たて》を持って芝生を走りまわるのを見ながら、もしかしたらこの子も、兄たちと同じように一一歳で大学に行くのではないか、と案じるような気持ちになった。しかしほぼ同時に、そんな気持ちになったのを後ろめたくも感じた。というのも、ホームスクーリングを批判する親から、わが子には子どもらしくいてほしいので、一二歳までに大学に行かせるようなことはしたくない、という意見を聞いていたからだ。

こうした迷いが生じたときはいつも、自分の心のなかを確かめ、そして神に訊ねてみる。「なぜわたしたちはこの道を選んだのでしょう」。すると、ホームスクーリングができるのはありがたいことなのだとすぐに思いいたる。そして、もはや子どもたちをとどめるのは無理だということも。わが家ではこういう展開がふつうになり、子どもたち自身もそれを望んでいるのだ。たとえ彼らを押しとどめ、進度を遅らせようとしても、もはやどうすればいいのかわからない。小学校の勉強を始める時期を遅らせ、高校の勉強を終えるのを一七歳や一八歳まで引きのばしたとしても、子どもや親の望む結果が得られないとしたら、それをどうやって正当化するのかも、わたしにはわからない。

そんなふうに考えると心が落ちつく。セスが大学のキャンパスに身を置いていられるのは実に恵まれたことなのだ。小学六年生の教室に一日じゅう閉じ込められ、同級生だけに囲まれて育つわけではないのだから。昼間は勉強に本気で取り組む大人たちと一緒にいて、午後、家に帰ってくるときょうだいと庭を走りまわって遊ぶ。息子の学習レベルは、本人が〝子どもらしく〟あるかどうかとはなんの関係もない。実際、セスが自分らしくいられるのは、公立学校で受けるような同調圧力がないため、仲間に溶け込もうとする必要もないからだ。大学の教室には一二歳の少年は自分しかいないので、それらしい服装をしたり、それらしい行動をしたり、友だちの関心を引こうとしたりしなくてすむ。

長男のヒースも、同じような思いを抱いていたようだ。一一歳で大学に通いはじめたおかげで、周囲に順応しようとせずにすんだと言っている。まわりの人はみなやさしく接してくれたため、仲間に好かれようとして〝カッコつける〟必要はなかったのだ。

四女のカトリーナは二〇一三年の三月に一〇歳を迎え、その一か月後、初めてＡＣＴを受けた。実際、彼女にとってはこれが人生初の標準テストだった。もしテストの途中でトイレに行きたくなったら手を挙げて知らせなさい、とわたしたちが説明しているあいだ、本人は満面の笑みを浮かべて聞いていた。テストの最中にあまりきょろきょろするとカンニングを疑われるので気をつけるように、とも言い聞かせた。兄のセスも同じ部屋で一緒にテストを受けることを知って、カトリーナは喜んでいた。近くに兄の存在を感じて安心できるよう、セスには妹の前方に座ってくれるよう頼んだ。

テストの日、最後にわたしたちはカトリーナの目を見てこう伝えた。「今回は点数のことを気にしなくていいのよ。どんなテストかわかればいいんだから」

それを聞くと、娘はたちまちほっとした表情になった。テストを受けること自体が、娘にとってはひとつの勉強になる。点数そのものよりもそちらのほうが大事だ。これほど大事なテストを、娘がこれほど幼くしてきちんと受けられることを思うと、嬉しくてたまらなかった。この日を乗りきれば、娘にとってもはやＡＣＴはそれほど謎めいたものではなくなるはずだ。数週間もすればテストの結果が送られてきて、どこに弱点があるかがわかるだろうから、そこを重点的に勉強し直すことになる。しかし、この日はただ、四時間に及ぶテストをおおぜいの高校生に混じってちゃんと受けられたということが、本人に自覚できればそれでいい。テストのあとも娘が笑みを浮かべていたのは、親に無理強いされなかった証拠と言ってよいだろう。ただ、わが家のやりかたが、ほかとは少し違っているだけなのだ。

現在、わたしたちはホームスクーリングに関する電話相談に応じているのだが、ACTのことはきわめて重要で、よく話題にのぼるように思える。相談では、たとえばこんなことを伝える。テストの結果は両親が先に確認してから大学に送ってかまわないということ。ACTは複数回受けても不利益は生じないので、それほど緊張しなくていいこと。また、早いうちに――わが家では八歳か九歳――ACTやSATの過去問題に取り組ませておいたほうがいいこと、などだ。八〇年代に夫とわたしがSATを受けたとき、このテストは大学入学のための〝一発勝負〟という位置づけだった。今はそういう受けとめかたをしなくてもいいのだ。

わたしたちはこれからも、子どもたちに基礎をしっかり教えていく。それぞれの個性を重んじながら、読むことと書くことを好きになるよう教えるつもりだ。そして、数学の能力を日々、築きあげていく。子どもたちに勉強の楽しさをわからせることさえできれば、なにかを教え足りないのではないかと親が心配する必要はない。子どもはこれから先の人生でもみずから学び、自分の子どもにも学ばせるようになるだろう。教育になにかしら欠陥があったのではないかと親が案じる必要はまったくないのだ。

　ホームスクーリング家庭の親たちは、よそとくらべて足りないものや、わが子がしていないことばかりを気にして、無力感にさいなまれやすい。わが家ではむしろ、子どもたちがしているすばらしいことすべてに目を向ける。できるかぎりのことをしてさえいれば、ほんとうにそれでじゅうぶんなのだ。

第10章
わが家の教育方法——実践的なアドバイス

そして、あなたがたに命じておいたように、つとめて落ち着いた生活をし、自分の仕事に身をいれ、手ずから働きなさい。そうすれば、外部の人々に対して品位を保ち、まただれの世話にもならずに、生活できるであろう。

——「テサロニケ人への第一の手紙」第四章一一節〜一二節

ここまで、わが家の歩みと子どもたちの現状を話してきたので、この章ではわが家の教育方法を少しお伝えしたいと思う。とはいえ、こうすれば必ず成功するという理論のようなものがあるわけではない。なにかの本で読んだところによると、きちんとした勉強を始める年齢を、七歳から九歳のあいだくらいに引き上げれば、ふつうなら小学校入学から中学校卒業までかかる学習内容を、およそ六か月間で終えられるという。それもひとつのやりかただろう。けれども、わが家では四歳までに勉強を始め、高校課程を終えるのは一一歳か一二歳。ヒースの場合は一〇歳と一一か月だった。

わが家のやりかたを短くまとめると、こんなふうになる。

四歳になったら文字の書きかたと読みかたを教え、やさしい読み物を読ませ、字を書き写させる。子どもに教えるのは実に楽しい！　子どもたちは「ねえ見て、すごいでしょ！」と報告してくる。読みかたを習うのはなにより大事な最初の一歩だ。

六歳までには引き算の桁借りと掛け算を教え、やさしい本をひとりで読んでみるよう促し、一ページぶんの書き取りをさせ、聖書の物語を教える。

八歳までに、子どもたちは聖書の真理を学び、それを言葉で表現することを学ぶ。代数の勉強を始め、子ども向けの伝記や科学の本を読ませ、書き取りは減らして徐々に独力で文章を書けるようにしていく。

一〇歳までには聖書をひとりで読めるようにし、自分がなにを信じ、なぜそう信じるのかを理解させる。代数学を終え、代数学IIと幾何学の勉強を始め（解法の手引書にある数学の問題を解く）、身のまわりの出来事にまつわる短い文章を書き、歴史や科学に関する一般向けの本を読む（姉や兄たちの大学の教科書がおもしろければそれも使う）。そのなかで、親は子どもがどんな分野にやる気を示すかを見さだめ、なんであれその分野の本を自由に読んだり調べたりさせる。

一二歳までには、高校レベルに相当する多くの本を学習し終えている。たとえば、創造科学や聖書弁証学〔聖書の記述がなぜ真実なのかを理論づけて説明する神学の一分野〕、歴史、宗教色を排した科学（たとえば進化論。多様な観点から学べるように）、自然科学、アメリカの政治、経済、社会問題。それに、数学の問題も大量にこなしている。ほかにも、家族で密度の濃いディスカッションをしたり、家族同士もしくはホームスクール・グループで頻繁に野外研究旅行をしたりする。スポーツ活動や教会行事に参加し、あらゆる年代や文化の人と家族ぐるみで交流する。そうした経験のうえに家族の愛情があれば、子どもはもう大学の授業をひとつやふたつ受けられるくらいには成長するものだ。

ここで、これからホームスクーリングを始める人たちにちょっとした提言をしたい。そのあと、わが家が経験から学んだコツをいくつか紹介しようと思う。

コラム

どの年齢でなにを教えるか

◎四歳ごろから文字の読みかたを教えはじめる。

◎六歳までに引き算の桁借りと掛け算を教えはじめ、短い文章を書かせ、本をひとりで読んでみるよう促す。

◎八歳までに代数学を教えはじめ、子ども向けの本を読ませ、独力でさらに文章を書かせていく。

◎一〇歳までに、自分がなにを信じ、なぜそう信じるのかを理解させる。数学の勉強を進めるほか、ACTかSATの準備もしておく。

◎一一歳ごろには、五段落の小論文が書けるようにし、きちんとしたレポートを作れるようにする。

◎一二歳までには（もっと早い場合もある）、高校レベルに相当する一般向けの本を多く読み終え、成績証明書に記載できるようにしておく。加えて、精神的にもじゅうぶん成長していれば、もう大学の授業を受ける準備はできているはずだ。

ホームスクーリングを始めるにあたっての提言

人格形成

学問の面では優秀でも、心の発達が伴わない子に育ってしまったら、親はなにかを達成できたといえるだろうか？　いや、いえない。親としては失敗である。子どもを教育するうえでもっとも大切なのは、道徳的指針を持って育てることだ。よいことと悪いことの違いをわからせ、自分がなにを信じ、なぜそう信じるのかを理解させる必要がある。

それをふまえて、わが家では一日を家事で始める。子どもたちにはそれぞれに家事の割り当てがある。大きくなるにつれ、簡単な家事は下の子たちに受け継がれていく。こうすることで、どの子も自分が必要とされていると感じ、この家族に欠かせない一員なのだと自覚しながら成長していく。実際、わたしたちには彼らの助けが必要なのだ。全員が、働くことをよしとする価値観を持つようになるので、甘やかされて育つことはない。二歳の子でさえ、冷蔵庫や戸棚に水を吹きかけてからていねいに拭きとってこう言う。「見て、ママ。お手伝いがじょうずでしょ」。こうして、どの子もみな自信をつけていく。

朝食とあとかたづけが終わると、全員で聖書の勉強を始める。聖書の言葉を学んで祈ることは、生きていくうえでの指針になる。下の子たちにはわたしが聖書の物語を読み聞かせ、上の子たちは自分で読む。それを補うものとして、夕刻に夫が取り仕切る、家族での祈禱《きとう》の時間がある。わたしがひどく忙しい日は祈禱だけで済ませることもあり、その場合は多めにお祈りをしておく。

数学

聖書を読んだあとはすぐ数学の勉強に入るようにしている。というのも、子どもたちがいちばん手助けを必要とする科目だからだ。読み書きに関することなら、もしなにか問題が生じても、あとからどこかの待合室や、なんなら車のなかででも、自分で遅れを取り戻すことができる。

　わが家では最初、数学の勉強用に「キリストの光出版」のワークブックを使っていたが、その後、「アルファ・オメガ出版（ＡＯＰ）」のものを使うようになった。ＡＯＰのワークブックは高校レベルまでそろっている。非常によくできているので、親も子どもに教えながら一緒にその科目を学べるし、親自身が学生時代に勉強する機会のなかったことがらでも学んでいける。統計によると、ホームスクーリングで学ぶ子どもたちは、両親の教育レベルにかかわらず、全国平均よりも成績がいい。結局のところ、よく言われるように「教育とは知識を詰め込むことではなく、学問への情熱に火をつけること」〔アイルランドの詩人・劇作家、ウィリアム・バトラー・イェイツの言葉〕なのである。

　三年生のワークブックが終わると、「サクソンの数学」という教科書に切りかえる。四年生レベルの子なら、たいがい教科書から問題を書き写せるからだ。掛け算と割り算の問題を解くときは、方眼紙を使うと数字を並べて書きやすくなる。最終的には、オンラインの数学個別指導プログラム「タブレット・クラス」や「カーンアカデミー（KhanAcademy.org）（二〇〇六年に設立された非営利の教育ウェブサイトで、〝高水準の教育が無償でだれでもどこででも受けられる〟）」に移行する。

国語と歴史

子どもたちには、毎日なにかしら書かせることにしている。文章力を養うためのワークブックやその手の教材はいくらでも入手できる。もちろん、ＡＯＰや「キリストの光出版」でもそうした教材を扱ってはいるものの、書くことを子どもに教える最良の方法は、ただ書かせることだとわかった。手紙を書いてもいいし、日記にその日の出来事を書き込んでもいいし、紙を束ねてホチキスで留め、オリジナルの本を作ってもいい（そこにイラストをつけるのも楽しい！）。子どもがまだ幼ければ、お気に入りの本から単語やセンテンスを書き写してもかまわない。そうしているうちに、綴りかたや句読点の打ちかたがわかってくる。ひとりで書けるようになったら、できあがった文章をわたしがチェックし、文法の説明をしながら間違いを直していく。このやりかたのほうが、子どもたちは文法をよく覚えるようなのだ。

日課の書きものが終わると、今度は読んで読んで読みまくる。子どもたちは歴史小説や伝記から歴史を学ぶのが好きだし、科学の本を読むのも好きだ。言語能力や文章力は読めば読むほど向上していく。それに、歴史や科学の本を読ませておけば、そのあいだにこちらは別の作業ができる。わたし自身は小説をあまり読まないのだが、うちには小説好きの子が何人かいる。だから、各自が好きな仕事をめざしてよいのと同じように、必要な本を読んだあとは、良質で健全なものであれば、それぞれ好きな本を読んでもいいことにしている。

　知り合いの何人かが口をそろえて言っているように、ここまで来れば、ホームスクーリングは図書館利用カードさえあればできる。まったくそのとおりだ。もちろん、わが家でも何年かのあいだには本を何冊も購入したが、必要な本はほとんど図書館で借りられる。明確にキリスト教の世界観で書かれた本を入手したい場合は、オンラインで探せばいいし、クリスチャン向けのホームスクーリング・カタログ（たとえば、「クリスチャン・ブック・ディストリビューターズ」〔オンラインのキリスト教系書籍販売会社〕のものなど）を見れば、ふんだんにそろっている。

理科

　理科が楽しいのは、話題がいたるところに見つかるからだ。わが子と話し合うのにもってこいの科目でもある。勉強としてであれ雑談としてであれ、子どもはただ親と話すだけで理科の勉強を始めることができる。たとえば、飼っているペットや、天気や、見つけてきた昆虫や、そのほか身のまわりの世界で目にするあらゆることに関して、子どもは質問してくる。わたしたちは、どんな質問にもごまかしなく答えたいと思っている。

　例の恐ろしい質問「赤ちゃんはどこから来るの？」に対しても、ごまかさずに答える。ママの体のなかからよ、と。三歳から五歳くらいの子になら、それでじゅうぶんだ。六歳か七歳になると「赤ちゃんはどうやって生まれてくるの？」と訊いてくる。その場合は、いくらか写実的に答える。「赤ちゃんはどうやってママの体のなかに入るの？」とくれば、これは父親が事細かに答えるべき数少ない質問だ。なぜなら、この質問に関しては、母親は職務を委任したいから。ともあれ、こうしたやりとりから子どもたちが学びとるのは、両親はどんなときも事実を伝える、ということであり、それはイースターバニー〔復活祭に贈り物を持ってくるとされるウサギ〕やサンタクロースについても同じだ。

　このようなディスカッションはたいてい車のなかで始まり、場合によっては、家に帰ってから子どもたちが答えを調べはじめる。下の子たちは図書館へ行き、自分で選んだ理科の本を一冊なり全部なり開いて、そこに未知の世界を見つけ出す。上の子たちは、オンラインのどのサイトを見れば科学の難問が解けるかを知っている。親のほうは、まともな答えを返せないとなると、「ヒースに訊きなさい」とか「ハンナに訊きなさい」とか「セリーナにメールしてみなさい」と伝える。「グーグルで調べなさい」と言うことも多い。ヒースは下の子たちに「〝ダックダックゴー〟〔検索エンジンのひとつ〕かウィキペディアを使え」と言う。

　こんなやりかたは、きちんと教科別に学習をしたい人には不安だろうし、わたしにもその気持ちは理解できる。もちろん、箱入りの教科書セットのようなものを注文してもかまわない。そうすれば、目当ての科目名が表紙に書かれた教材を入手できる。たとえば「一般理科　九年生用」「生物　一〇年生用」「物理　一一年生用」というように。もし、子どもが強い関心を示すのなら、科学の諸分野を詳しく学ばせてもいい。わが家では、キッチンで科学実験をしたことはないが、それでも、子どもたちは大学に通いはじめると、生物や科学や物理の実験をとてもじょうずにこなしていた。今になってわかるのは、よく本を読み批判的に考えられるよう家庭で教育されていれば、大学の科学の授業でも難なくやっていけるということだ。

一般理科の教科書を使うことに決めたのであれば、高校レベルの基本はそれでカバーできるはずなので、残りの時間は、各自が興味を持つ分野を詳しく勉強していけばいい。ただし、子どものめざす大学が、高校のどの科目の履修を要求しているのかだけは、念入りに確認しておく必要がある。

これまでの経験を経て、わが家ではこういう信条に行きついた。「子どもが機嫌よく教材を読み、やる気になっているのなら、親は口出しをしてはいけない」

外国語

外国語学習をホームスクーリングに組み込むのなら、いちばん簡単な方法は子どもをパソコンの前に座らせて、すぐれた外国語学習ソフトをあてがうことだ。「ロゼッタストーン」というソフトは、おそらくもっともポピュラーなものだが、とても高価だと聞いている。わが家には、基地の売店やウォルマートやターゲット〔どちらもディスカウントストア〕で買ってきたCDやコンピュータソフトの教材がいくつかある。大学でもスペイン語の授業を受けさせているので、家には大学の教科書が何冊かあり、読むのが好きな子にはそれを読ませる。

わが家では、どの子のカリキュラムにもスペイン語を組み込んでいるが、実際に話せるようになるのは、自分から真剣に練習しようとする子だけだとわかった。ハンナの場合は、数学を教えていた私立学校でスペイン語も教える必要に迫られたため、独力で集中的に勉強した。ロザンナは、結婚相手のセルジオが運よくペルー出身だったので、スペイン語の先生役をしてもらえる。セリーナは、大学時代に医療ボランティアで何度か海外に行ったり、クリニックで通訳の仕事をしたりしていた。今のところ、実地経験がものを言って、いちばん流暢《りゅうちょう》に話せるのはセリーナだ。ロザンナがそのすぐあとにつけている。なにしろ、日々スペイン語を使っているのだから。ヒースは言語全般に興味があるため、独学で勉強しており、夕食の準備をするわたしを手伝いながら、スペイン語で会話をするのが好きだ（わたしはスペイン語を話せる）。キースとセスの場合、家でスペイン語を勉強していたときはさほど関心を示さなかったが、大学の授業で習いはじめると、教授にいいところを見せようと、がぜんやる気になった。

高校レベルの外国語学習では、ごく基礎的な教材をあてがっていればいいのだが、流暢な使い手になるには、本人がその言語をこれから先もずっと学びたいと思う必要がある。そのためには、実社会に出て言葉を使う機会を与えてやることだ。わが子たちはスペイン語を学ぶのが好きだ。たしかに、わが家はこの分野では有利だった。というのも、もともと母親がスペイン語と英語の両方を使う家庭で育ったからだ。母国語以外の言葉を話せると、何歳になっても脳を活性化できるし、まるきり未知の文化や言語に自分から触れてみる気にもなる。

そのほかの科目に関しては、オンラインで利用できる教材がいくらでもある。わが子の好きな分野を見つけ出し、このかけがえのない人生の一時期を楽しんでほしい。子どもたちはあっというまに大きくなってしまうのだから！

習うより慣れよ

ハンナとロザンナとセリーナは、短期間通っていた私立学校で文字の読みかたを学んだ。ヒースの場合、ひとりで遊ばせておくために、学習ビデオをあてがうことがあった。ある日、それはヒースが四歳のときのことだ。わたしが押すふたり乗りベビーカーで、赤ん坊だった弟キースのうしろに座っていた彼が、通りすぎる住宅の番地を大声で読みあげはじめた。数字が読めるなら、そろそろ文字を習いはじめてもいいころだ。そこで、アルファベットの学習カードを購入してみたのだが、ヒースはすでに文字の名前も発音のしかたも知っていることがすぐにわかった。本人いわく、「知ってるよ、ママ。『アルファベット・フレンズ』のビデオで見たもん」。わたしが教えるべきはただ、文字と文字を組み合わせれば単語ができるということだけだった。それがわかると、ヒースはとても興奮していた。

図書館に連れていくとすぐに、〝やさしい読み物〟を次から次へとむさぼるように読みはじめた。あの子よりつねに一歩先を行っておくのは、ほんとうに楽しかった。わたしの新たな役割は、なんでも吸収するこの小さなスポンジに、良質の読み物を与えてやることだ。ヒースは、答えてくれそうな相手なら、家族のだれにでも次から次へ質問をしてきた。今になって本人は昔のことを思い出し、探している答えが家族からも読み物からも得られなかったときはがっかりした、と言う。その後、ようやくわが家でもインターネットで世界じゅうの情報を即座に入手できるようになると、ヒースは夢中になった。知りたいことはなんでも、心ゆくまで調べられるのだ。

ヒースに勉強を教えはじめてすぐのころから、わたしは多くのことを学んできた。適切な教材を与えてやれば子どもはおのずと好奇心を持ち、ほとんどのことを自分自身で学んでいける。それを息子は身をもって教えてくれた。もちろん、数学の概念を新しく学ばせるときは、かたわらにいる必要があったが、ヒースは呑み込みがかなり早かった。そして、必要なときは母親も解法の手引書を見ているのだとわかると、それなら自分でもできると気づいてしまった。同時に、数学のことなら母親よりもハンナのほうがはるかによくわかっているし、母は教師役を姉にゆだねてもたいしてプライドは傷つかないということも知った。いずれにせよ、このころわたしはキースとセスの世話で忙しかったから、喜んで教師役を明けわたした。

ここまで、ホームスクーリングを始めるにあたっての基本を話してきたので、ここからは、役に立ちそうなちょっとしたコツを挙げてみたい。

予想を裏切る

教える内容や時間を突然変えてみよう。なによりそのほうが楽しいし、決まった手順を変えるのは、実際のところ脳への刺激にもなる。

ばかげたことをしてみよう。思いがけないことをしてみよう。そうすれば、次はいったいなにをするつもりだろう、と子どもたちに想像させておける。

屋外の施設や豊かな自然を、最高の教室として利用しよう。わたしは、勉強に飽きてきたときや、精神的な疲れを感じたときは、子どもたちを連れ出して野外学習や散歩をしたり、友人の子と外で遊ばせたりする。美術館へ行ったり、動物園を見てまわったりしながら親子で話し合うだけでも学ぶところが多いし、年齢や生いたちの異なる子どもたちと触れ合うのも勉強になる。そして、図書館に行けば、子どもたちは一日じゅう本を読んで過ごすこともあり、いつもそこでなにかしら新しいひらめきを得てくる。そのあいだ、わたしは静かな時間を味わい、気持ちを新たにすることができる。

学習は実地で行ない、現実の世界がどうなっているかを見せるのがもっとも効果的だ。現実を学んでこそ、心の知能が身につく。心の知能とは、みずからの感情を意識して分析し、抑制できる能力のことである。たとえ学問的にどれほど優秀で、きわめて早期に大学への入学を果たした子でも、教授から赤で大きく「落第」と書かれたテスト用紙を返されると、その場で泣きだしてしまうかもしれない。わが家では、もし教室でなにか不愉快なこと（たとえば、成績が悪かったり、クラスメートからひどいことを言われたり）があっても、とにかく家に帰るまでは〝こらえる〟よう言い聞かせている。いったん車に乗り込んだら、もう緊張をゆるめて、泣きたければ泣いてかまわないのだから。

そういう話をいつもしているので、子どもたちはみな、なにが起きても家族が一緒に笑ったり泣いたりしてくれると知っている。家ではどんな感情でもおもてに出してかまわないという安心感があれば、大学の教室に入っていきやすくなるし、感情もコントロールしやすくなる。だから、教室にいるあいだは自分の感情を意識して分析し、抑制しなさい、と教えている。わが家では、感情面がじゅうぶん成長したと親が確信できるまで、大学に行かせようとは思わない。学問がすべてではないからだ。

心の知能は〝社会性〟とも密接にかかわっており、わたしたちはこれもまた学問と同じくらい大事だと考えている。社会性とは、たとえばあるグループでいちばん声を上げにくそうな人を察知し、共感してその意見を代弁できることだ。子どもたちには、グループで孤立している人を見つけて声をかけてみるよう教えている。また、社会性とは身なりを整えることでもあり、いつ発言すべきかを、さらに大事なのは、いつ口をつぐむべきかをわきまえることでもある。

全員がなんらかの貢献をする

よく言われるとおり、みんなはひとりのために、ひとりはみんなのために存在する。思春期の子から幼児にいたるまで、だれでも貢献はできる。全員がなんらかの役割を担えるのだ。自分の役目を果たしながら、子どもたちはチームとして働く意味を学び、成長していく。

食卓をともにする

どこかで耳にしたことがあるかもしれないが、家族全員がそろって食事をする家庭は、将来、子どもに問題が起きにくいという。夕食の席で子どもたちが学ぶべきことは多い。なにをおいてもまずは食卓をともにしていれば、わが子の心の知能を向上させることもできる。

わが家では、なるべく自然食品をとるよう心がけてはいるが、ときには親がゆったり腰かけて、子どもたちに食事作りを任せてみるのもいい。たまには、シリアル・パーティーを開くのも楽しいではないか。

夕食の席で学ぶこと

わが家では、夕食の席でのディスカッションは、たいてい父親の言葉から始まる。「ねえ、パパが今日、帰りに車のラジオでどんな話を聴いたか教えようか」。ディスカッションの話題は、最新のテクノロジーに関することが多い。たとえば、グーグルグラス〔メガネ型端末〕や、インドの火星探査機の次回打ちあげ予定について、あるいは、子どもたちが大学の授業で学んできた内容などだ。子どもには自分の考えを話させ、こちらからも質問を浴びせて、批判的な思考力を鍛えるようにしている。

野外学習はすばらしい！

お決まりの日課に変化をもたらすもうひとつの方法は、野外学習を組み込むことだ。動物園のような施設を訪ねるのは理想的といえる。楽しみながら勉強もできるからだ。見聞きしたことをレポートにまとめてもいいし、体験をただ日記に書き込むだけでもいい。

身体を鍛え、精神を鍛える

わたしたちは家族で歩くのが大好きで、頭だけでなく身体にも気を配るようにしている。子どもたちは、アワナ（Ａｗａｎａ）の活動に喜んで参加する。アワナ（この名称は、聖書「テモテへの第二の手紙」第二章一五節の「熟練した働き人は恥じることがない」（Approved Workmen Are Not Ashamed）」の頭文字を取ったもの）というのは、聖書の教えにもとづいて活動する国際的非営利団体で、ボーイスカウトやガールスカウトのようなものだ。ウェブサイトは“Awana.org”。

自分を甘やかそう

頑張ったら、ときおりは自分自身を甘やかそう。ものごとはつねにうまくいくとはかぎらない。だからこそ、うまくいったときには、その小さな成功をひとつひとつ祝おう。そして自分にご褒美をあげよう。子どもにだけでなく、親である自分にも。

成功したかどうかはゴールしてから決めるのではなく、節目節目で判断するほうがいい。

親子でボランティア活動をしよう

わが家は、たとえば竜巻被害の復旧作業などのボランティアに家族でよく参加する。いつかはわたしたちも助けてもらうかもしれないし、こういう体験をすれば、子どもたちは自分の知らない世界を知り、助けを必要としている人たちに手を貸すことがいかに大事かを自覚するようになる。

〝子どもクラブ〟のような活動に参加すれば、おおぜいの前で福音を伝える機会も得られる。この子どもクラブは、わが家が通う無宗派のキリスト教会が運営していたものだ。ハンナは仲間たちと公立小学校を訪れ、放課後に聖書の物語を読み聞かせたり、歌を歌ったり、ゲームや工作をしたりお菓子を食べたりして過ごした。参加は子どもの自由意志で決めるが、親は同意書を提出しなければならない。サニーベールという地域では、このようなクラブ活動が非常にさかんだった。ほかの子に教える経験をすれば本人の学習態度もよくなることを、親も教師も知っているからだ。自分が暮らす地域でも似たような活動がないか探してみるといいかもしれない。

家族の時間

わが家では、つねに家族の時間を作り出すようにしている。プールや動物園で過ごすときも、外で遊ぶときも、家族の時間は例外なく充実した時間になる。

人生について教える

くだらないテレビ番組を観る時間を制限しよう。なかには有益な番組もあるので、そういうものは観てもかまわない。ただし、有害なコマーシャルは音を消したり、必要なときはチャンネルをすばやく変えたりしたほうがいい。子どもたちはＴＬＣの「きょうだいはただいま一九人」〔一九人の子どもがいる大家族を映したリアリティ番組〕を母親と一緒に観るのが好きだ。父親がいつも観る番組は、子どもたちも知っている。ニュースとミリタリーチャンネルと、ヒストリーチャンネルと、ディスカバリーチャンネル〔世界最大のドキュメンタリーチャンネル〕の科学番組だ。もし興味があれば、座って一緒に観てもかまわない。ただし、質問はコマーシャルが始まるまで待たなくてはいけない。そうしないと、親は質問をさばききれなくなってしまう。どうやら、ひとつ質問が出ると決まって次々と質問が湧いてくるようなのだ。番組を観ているあいだはたいていだれかがパソコンの前に座って、母親や父親にはお手あげの質問でも、答えをちゃんと探し出してくる。家族で教育的な番組を観ているときは、内容について子どもに話しかけてみるといい。

ドキュメンタリー映画を観せれば、この社会の狂気じみた側面を子どもたちに教えることができる（大学に行ってもショックを受けずにすむように）。夕食の席では最近の出来事について話し合い、子どもたちには大人として会話に参加させよう。

聖書の箴言を勉強すれば、心の知能を高めることができるし、大人と接する際に必要な知恵を授かることもできる。

子どもには、社交的スキルをしっかりと教えよう。よくいる〝ガリ勉〟や引きこもりにはなってもらいたくないからだ。

あえて夢を見よう！

ありがたいことに、わが家の子どもたちは天与の才をそれぞれに伸ばすことができている。これまで、わたしたちはさまざまな〝逆説〟を経験してきた。たとえば、ロザンナは大きくなって建築を学びはじめるのだが、小学校では叱責の対象にされた〝いたずら書き〟が、建築では日常的に欠かせない作業になったのである。多くの子が、公立学校という環境で行きづまって学習意欲を失ってしまうのは残念なことだ。

親に学歴がないと無理？

親自身に学歴がないことを心配する人もいる。しかし、子どもは、親が学位を持っているかどうかにかかわらず、高度な知識を学べるようになるものだ。わたしの場合、サンタクララ大学に合格はしていたのだが、大学には行かず高校時代の恋人と結婚して母親になる道を選んだ。結婚し、家族とともに歩みはじめてから現在にいたるまで、大学を卒業していればよかったと感じたことは一度もない。もしかしたら、末っ子のサンダーが一二歳になり、わたしが五四歳になったとき、一緒に大学を卒業するかもしれない。先のことはわからないが……。

反対されたら力を合わせよう

ホームスクーリングを始めると、わが家がなにをしていて、なぜそうしているのかを理解してくれない人がおおぜいあらわれる。疑問を投げかける人や皮肉を言う人も出てくる。ちょうど、ヒースが担当教授から、人生経験が足りないと文章は書けないと言われ、親が若きアンネ・フランクの話をして励ましたときのように。

ホームスクーリングを始めようとすれば、おそらく反対意見に直面するだろう。しかし、わが家のやりかたを参考に、うちでも始めようと決心したのなら、親子で力を合わせて乗りきっていけるに違いない。

がむしゃらに頑張るより賢く学ぼう

わたしの友人には、子どもたちをほぼホームスクーリングで育てながらも、地元の高校に学費を払って授業をいくつか受けさせている人たちがいる。学校で刺激的な授業を受けられる場合もあるだろうが、授業料はかなり高いはずだ。あえてそういう方法を採る理由が、わたしたちには理解しがたい。おそらく、同じ年齢の子がいるから行かせてくれ、と子どもにせがまれたのではないかと思う。

もちろん、一〇代の子にはそういう交わりが大事だというのはわかる。しかし、同じ年頃の子たちと触れ合う機会はいくらでもある。地元の情報を調べてみれば、ほかにもいいアイデアが見つかる。情報を得て賢く学ぶ子は、たとえば地域のコミュニティ・カレッジで大学の単位に結びつくコースを熱心に受講しながら、同時に高校の履修課程も終えてしまう。

家庭によっては、子ども自身の判断に任せっきりのところもある。わが家では、子どもたちによく情報を与えてから選択させるようにしている。彼らは、ただがむしゃらに頑張るよりも賢く学ぶほうが合理的だと知っている。親はまずビジョンを描き、そのビジョンを子どもに伝えよう。親が自信を持っていれば、子どもにもそれが伝わっていく。

コラム

人と触れ合うためのアイデア

いい方法を探しているなら、子どもたちに尋ねてみよう！
◎ダンス教室に通いたい人は？
◎4Hクラブ［*23］に参加したい人は？
◎ホビーショップの絵画教室で、絵を描いてみたい人は？
◎地元の介護施設で、楽器を演奏したり歌を歌ったりしたい人は？

*23　一九〇〇年代初頭にアメリカで始まり、その後世界的に普及した農村青少年組織。4Hとは頭（head）、心（heart）、腕（hand）、健康（health）の頭文字をとったもの。

「ホームスクーリングについて思うこと」

セリーナ（執筆時二〇歳・二〇一一年）

もし、わたしの両親に子育てのお手本があったとすれば、それはきっと神だと思う。どんな親でも、子どもがふたり以上になると、ある難問に直面する。つまり、子どもたち全員を心から愛しつつ、ひとりの子としても深く愛するにはどうしたらいいかという、子だくさん家庭特有の難問だ。母によると、わが家ではそのときどきにもっとも親を必要とする子に愛情を注ぐことで解決しているという。たしかにそれは事実だ。ただし、これは神を見ならったやりかたでもあるとわたしは思いたい。要するに、両親はひとりひとりの子を同じだけ愛しているけれど、それぞれを別のやりかたで愛してもいるのだ。

同じように、教育の面でも、子どもたちにはそれぞれ違った才能があると両親は思っている。夢中になるものがみな違うので、〝愛されかた〟も違ってくる。だから、わたしの歩んできた道のりにも、わたしだけの大事な場面がいくつかある。

あの日、わが家の階段を降りていき、みずからの使命について両親に話したときのことを、わたしは一生忘れないだろう。進むべき道をはっきり決めたと伝えるときは、胸がどきどきした。わたしは科学を学びたい。医学を学びたい。医師になりたい。だれかにそうしろと言われたのだろうか？　いや、その思いはただ向こうからやってきたのだ。小さいころから、わたしにはとくに興味を持てるものがなかった。どうしてもこれがしたいという気持ちや目標がなかった。ところが、心を決めるべきときが訪れると、それは以前からすでに決まっていたことのように思えた。わたしは医師になる運命だった。医師になるべくして生まれた。心からそう信じたし、今でもそう信じている。

わたしは今、ひとりの医師として、きわめて謙虚な気持ちで患者に接している。もちろん、この仕事には大きな責任が伴うことを知っているし、決して軽々しく考えてはいない。ひたむきに働き、力の及ぶかぎりよい医師になることで、わが神とわが家族とわが国に感謝を示したいと思う。

一一歳のとき両親と話したあの日以来、自分が当時いかになにも知らなかったかを日々思い知らされてきた。どんな勉強をすることになるのかも知らなかった。医師とは実際どういう職業なのかも知らなかった。〝目のまわるような毎日〟がどんなものかも知らなかった。けれども、自分がすでに心を決めたことは知っていた。ひとつの情熱を授けられたことも知っていた。打ちあけた決心を両親が応援してくれることも知っていた。

医師になるための歩みは、あの日の居間から始まった。その決心をしたときから、わたしは大きな教訓をいくつも授かってきた。

あるとき、父にこう言われた。「星をめざして飛ぶんだ。そうすれば、月くらいまでは行ける」。また、こんなふうに言われたこともある。「この世界で自分がいちばん貢献できることを志しなさい」。いちばん貢献できることを志す？　うーん、いちばん貢献できること？　まあそれは神がお決めになることだ。それでも、自分なりに始めることはできる。

わたしのこれまでの歩みについては、おそらく母が詳しく書いてくれたと思う。今夜、わたしは机の前に座って自分のことを書こうとしたのだが、詳細は省いてこのまま話を進めていきたい。メディカルスクールでの勉強はとても楽しかった……楽しい？　ほんとうに？　そう、ただし二度と味わいたくはないけれど……。当時の日記をちょっと見てみよう。

土曜日の夜七時半、キャンパスの自習室でこれを書いている。今日ここに来たのは朝の八時半。わたしの背後にあるホワイトボードには、今朝歩きながら考えていたことが走り書きしてある。「この世界で自分がいちばん貢献できることを志せ」。もうしばらくしてここを出るとき、この言葉はそのまま残していこう。次にこの部屋を使う学生が、今日のわたしと同じくらい勉強に没頭できるように。わたしが受けるべき講義は週に三九時間。『クエスチョン・バンク』〔医師国家試験問題集〕から九二の問題を解き、症例検討の授業では、一五の課題のうち四つに取り組まなくてはいけない。そして、月曜日の朝五時に目覚まし時計が鳴ると、また次の週が始まる。わたしは自分にできることをするだけだ。来週は縫合《ほうごう》実習がある。病院で手術着を着る日だ。さて、そろそろ帰りじたくを始めなければ……。

今日は二〇一一年四月三〇日。昨日、メディカルスクールでの最初の二年間の実習が終わったばかりだ。ゴールがひとつ手の届くところまで来ると、わたしは決まって過去を振り返り、どうやってここまで到達できたかを考えたくなる。すべては神のおかげだ。神が気持ちの強さと能力を与えてくださる。わたしは不屈の精神でそれに応える。今日、そのことが身に染みてわかったし、わたしの思いは、おそらくほかのだれかにも伝わっていくだろう。

以前、ハーヴィ・マッケイ〔アメリカの著名な実業家・ベストセラー作家〕が、起業家向けの特集記事のなかに、こんなことを書いていた。

「どうすれば変化を起こせるか」と問うことは、すなわちその問いに答えることだ。なぜなら、「それを自分自身に問いつづけよ」というのが答えだから。わたし自身、これまで何百回と自分に問いつづけてきた。そして、もうやめようと思うたびに、オフィスに掛けてある額入りのポスターに目をやる。

◎一八三一年、彼は事業に失敗する。
◎一八三二年、州議会議員に立候補して落選する。
◎一八三三年、二度目の事業を起こし、ふたたび失敗。
◎一八三五年、恋人が死去。
◎一八三六年、神経を病む。
◎一八四〇年、健康を取りもどし、大統領選挙人選挙に立候補する。
◎一八四三年、連邦下院議員に立候補して落選。四八年、ふたたび連邦下院議員に立候補して落選し、五五年には連邦上院議員に立候補して落選し、五六年にはアメリカ合衆国副大統領に立候補して落選。

◎一八五八年、ふたたび連邦上院議員に立候補して落選する。
◎この男はぜったいにあきらめず、最後まで挑戦しつづけた。

一八六〇年、この男――エイブラハム・リンカーン――は、アメリカ合衆国大統領に選ばれた。

わたしはエイブラハム・リンカーンのようになりたい。父がいつも言うように、「星をめざして飛べば、月くらいまでは行ける」のだ。この世界で自分がいちばん貢献できることをしたい。わたしに必要なのは、「たやすくできること」ではない。必要なのは「**力を尽くせばできること**」だ。神がついていてくだされば、**できないこと**などありはしない。
そう思うとほんとうに心強い。

「ホームスクーリングについて思うこと」

ヒース（執筆時一七歳・二〇一三年）

ママによると、ぼくはきょうだいのなかでも早く話しはじめたほうで、お乳を飲んでいる途中でさえしゃべっていたらしい。乳離れして、いろいろな教材に目を向けるようになったのは、ちょうど弟が生まれたころだ。最初の記憶は、「アルファベット・フレンズ」というビデオを観ていたこと。字を読むのは得意だった。カリフォルニア州中部の幹線道路を車で走るときは、ヴァンデンバーグ空軍基地からシリコンバレーまでの道沿いにある看板を全部読みあげていた。家族がカリフォルニア（ぼくの記憶が始まった場所）を離れる前、ぼくはいちばん上の姉が大学の授業を受けているあいだ、芝生で本を読んでいたのを覚えている。姉のそばにいられるよう、ママはいつもキャンパスの運動場を歩いていた。どんな分野でも、なにかわからないことが頭に浮かぶと、ぼくはママに次から次へと質問をした。わが家の教室にはほんの少しの生徒しかいないから（ホームスクーリングなので）、ひとつひとつの質問にできるかぎりちゃんと答える余裕がママにはあった。大きくなるにつれて、ぼくの関心はテレビから、わが家にやってきたパソコンに移っていった。お気に入りのひとつは、教育用コンピュータゲームで遊ぶことだった。ふつうなら、ぼくのような年齢（六歳か七歳）の子が六年生用のゲームをしているのは、かなり異様なことらしい。大学での最初の授業は、カリフォルニア州のフットヒル大学で受けた中級代数学だ。そのとき、二重登録で大学に来ている高校生ふたりと仲良くなったのだが、ぼくのほうがずっと勉強が進んでいると知って、ふたりはすごく驚いていた。次の学期に、統計学と文章創作入門の授業を受けたとき、ぼくは一一歳だった。統計学のプロジェクトでは、三〇歳の学生ふたりと共同作業をし、文章創作の授業では初めてBを取った。初めてのその授業を思い出すと、自分が英文学を専攻したことに驚く。だって、左脳を使う論理的な科目のほうが、あきらかに成績がよかったのだから。

フットヒル大学では、デジタルアートで学位を取ろうと楽しみにしていたのだが、両親からは、その学期が終われば家族でアラバマ州に戻る予定だと知らされたため、モンゴメリーで同じような勉強ができないか探すことになった。けれども、ハンティンドン大学に通いはじめると、演劇を専攻することに決めた。演技に興味があったからだ。ハンティンドン大学には、文学部に映画学専攻のコースがある。そして、二〇一一年に英文学の学位を取得すると、もともと好きだった分野に戻り、トロイ大学でコンピュータ・サイエンスを勉強しはじめた。そして二〇一三年五月、その学位も取得した。だからぼくは今、英文学の学士号とコンピュータ・サイエンスの理学修士号のふたつを持っている。

第11章

多忙な日々を乗りきるには

あなたがたは、主にあっていつも喜びなさい。繰り返して言うが、喜びなさい。あなたがたの寛容を、みんなの人に示しなさい。主は近い。何事も思い煩ってはならない。ただ、事ごとに、感謝をもって祈と願いとをささげ、あなたがたの求めるところを神に申し上げるがよい。そうすれば、人知ではとうてい測り知ることのできない神の平安が、あなたがたの心と思いとを、キリスト・イエスにあって守るであろう。

――「ピリピ人への手紙」第四章四節〜七節

わたしは、ことあるごとにリストを作る。リストに書きとめておきさえすれば、すべきことを終えられるような――まあそのうちにだが――そんな気がするのだ。優先順位はころころ変わるし、いくつかの項目はリストからはずされたり、単に別のリストへ移るだけだったりもする。その日の過ごしかたや、すべきことを挙げておくと、大切な用事をひとつひとつ〝済み〟にしていくことができる。それにしても、その多いことといったら！

秩序ある混沌

周囲からはよく、「さぞ細かいスケジュールを作って、きちんとこなしていらっしゃるのでしょうね」と言われる。そんなときは、たいがいしどろもどろになって、実はまともなスケジュールなど作っていないのです、と説明する。あるのはスケジュールというより、子どもたちひとりひとりの日課リストだけだ。わが家では、朝はできるだけ早く起き（前日の夜、家族でなにをしていたかによるが）、簡単な目標をひとつずつ達成していく。

1 部屋を掃除し、着替える。
2 朝食をとる。
3 髪をとかし、歯を磨く。
4 家事をする（皿洗い、ゴミ捨て、散らかった物を片づける、犬に餌と水をやる、食卓を拭く、など）。子どもたちは各自、同じ家事を毎日する。大きくなるにつれて、家事の分担が変わっていく。
5 勉強はまず聖書を読むことから始める。神への畏敬の念こそ知恵の始まりだからだ。子どもたちには、人格形成がなにより大事だと教えている。
6 数学。二番目には毎日必ず数学の勉強をする。数学は少しずつ積み重ねていくものなので、たとえ目がまわるほど忙しい日であっても、省略しない。

7　文章は毎日書く。手紙、作文、日記、一ページぶんの書き取りなど。

8　大量の読書。伝記、歴史小説、科学の読み物などを読む。そのあとは、楽しんで読める小説を読んでもいい（たとえば、幼少期には『ナルニア国物語』や『ボックスカーのきょうだい』シリーズのような上質な物語）。

9　体育は、何年か前からさまざまな試みをしている。トランポリン、家族での散歩、ハイキング、ビクトリー・スポーツ協会（ホームスクーリングをするクリスチャンのための地域のスポーツ組織）への参加、サッカー、地元のサークルで行なうアルティメット〔フリスビーを使って七人制で行なう、アメリカンフットボールのような競技〕、あるいは、庭でただ自転車に乗るだけでもいい。

コラム

日課の一例

時間割というよりも、むしろリストに沿って行動する。勉強の順序は子どもたちのやる気次第で変えてもいい。ある科目に没頭して、ほかの科目がひとつかふたつ翌日に持ちこされることもある。融通をきかせて、科目をしばらく入れかえることもある（たとえばスペイン語の代わりに地理を勉強するなど）が、勉強が進んでいるのならそれでかまわない。

わが家の玄関ドアには、こんなリストが貼ってある。

カトリーナの日課

◎着替え
◎朝食
◎家事
◎聖書の勉強
◎ACTの練習問題（一日一項目）
◎作文
◎昼食
◎読書（歴史と理科）
◎数学（ACTの練習問題で足りないとき）
◎スペイン語
◎バイオリンかピアノ（交互に練習）
◎二時半になったら、ともかく**外に出て遊ぶこと**！
◎夜は宿題をしてはいけない。楽しみのための読書は可。

朝のあわただしさ

「おはよう、いい天気ね！」。朝起きると、わが家の子どもたちはひとりひとりに挨拶を交わしていく。ここには、朝のあわただしさはない。急いで着替えて、朝食をとって、ランチを袋に詰めて、ぎりぎりまで宿題をして、車に乗り込んで、渋滞を縫って子どもを学校に送り届けなくてもいいのだ。ホームスクーリング家庭では、学校の始業時間に間に合わせようと、てんてこ舞いをする必要がないので、朝はおだやかに過ごせる。

小さな子どもにとっては、無理やり起こされるより、身体の声に従って起きるほうがずっと自然に思える。五歳になるロリーナは、家族でいちばん長い時間寝ている。この子はまだ小さいので、よく眠らせておけば才能がぐんぐん育つだろうとほかのきょうだいたちも思っている。サンダーは三歳で、ほぼ毎日いちばん早く起きてきてシリアルを欲しがる。大学に行く子たちは、自分で目覚まし時計をセットする。授業のスケジュールは自身で把握しているので、母親がいちいち口出しをする必要はない。わたしが知っておくべきは、だれを車で送っていくかだけだ。

子どもたちがひとりまたひとりと起きてくるあいだ、わたしは朝の静けさを味わう。子どもは、体調がすぐれなければそのままベッドにいてもかまわない。寝ているのに飽きると、ベッドで本を読んだり教育用ビデオを観たりする。だから、病気のときでもなんら困ることはない。以前、上の娘たちが私立学校に通っていたころ、インフルエンザにかかると、まだ完治しないうちから、早く学校に戻さなくては、といつも焦りを感じていたものだ。そんなことをしたら子ども本人にとってよくないし、うつされるほかの子たちにも気の毒だ。けれども、今ではそういった焦りはもうない。実際のところ、わが家でも子どもたちが水疱瘡《みずぼうそう》にかかったことはあるが、それはよくある話だ。いったんかゆみが治まれば、読書をしたり、体を休めたり、教育用ゲームで遊んだりすることもできる。学校を何日〝欠席〟しなければならないかを心配する必要はないのだ。

カリフォルニア州では、ホームスクールの「宣誓供述書」を提出する際、学校の名称を自分で決めて記載することになっている［*24］。わたしの友人が冗談めかして、うちのホームスクール名は〝べろべろばあ学校〟にしようかしら、と言っていた。その意味を訊くと、凍えるほど寒いある朝、子どもたちが毛布にくるまりソファで丸くなってココアを飲みながら、家族のお祈りが始まるのを待っていたとき、小学校に通う子どもたちがバス停へ歩いていくのが見え、自分たちは家にいられるので、窓越しに「べろべろばあ」と言った、というのだ。そんな言いかたをするなんていじわるだと感じるかもしれないが、ホームスクーリング家庭のおおかたの子は、公立学校に通う同世代の子たちのために祈っている。アメリカではもはや、連綿と受け継がれてきた知恵が失われつつあり、よりどころとなるキリストの教えを知らずに育つ子が増えているのだ。

ホームスクーリングとわが子を信じる

こんなバンパーステッカーを見たことはないだろうか。「釣りに行って一匹も釣れない厄日でも、仕事のある快調な日よりはまし」。これはまさしく、わが家で子どもたちの面倒を見ているときの思いだ。わたしにはこれまで、ものごとがうまくいかなかったり、邪魔が多くて計画どおり進まなかったりする日も数知れずあった。

たとえば、ある日、長男と次男を大学まで送っていった帰り道、乗っていたワゴン車が故障し、レッカー車が来るまで二、三時間も路肩で時間を〝無駄に〟してしまった。そのあいだ、車のなかで何人かは本を読み、ほかの子はおしゃべりをしていた。だれもけがをせず、しかも故障した場所がちょうど日陰だったことを、わたしたちは神に感謝した。そのうえ、レッカー車を待っている時間が、家族だんらんの時間になったのだ。もしかしたら、その時間に子どもたちはどこかの教室で、すぐに忘れてしまうような知識を頭に詰め込んでいたかもしれない。けれども、ありがたいことに、全員がわたしやほかのきょうだいと一緒にいた。ものごとが逐一、計画どおりには進まないときでも、子どもたちは少なくともわたしと一緒にいられるのだ。

というわけで、新たにホームスクーリングを始める人に言いたいのは、「申命記」第六章にあるように、人生という道を歩みつつ（あるいは路肩で待ちつつ）、わが子に真実を教えなさい、ということだ。子どもたちは、わが子をだれよりも愛し、だれよりもよく知っている親から教えら

＊24　アメリカは州によって教育法が異なるため、ホームスクールに関する法律も州ごとに定められている。カリフォルニア州でホームスクールを行なう場合、年度初めに名前や住所などの基本情報を記入した宣誓供述書を州の教育省に提出する。

れるほうが、机がぎっしり並んだ教室で、ひとりひとりに目を配る余裕のない過重労働の教師から教えられるよりも、はるかにいいのだから。

ホームスクーリングをしようと決めたなら、それだけで半分は成功したようなものだ。カリキュラム作りは、子どもたちに手伝わせれば楽しい作業になる。魔法のようなカリキュラムなどは存在しないとわたしたちは思っている。履修科目にこだわるよりは、わが子が楽しんで勉強し、やる気になるほうが大事だ。簡単な個所は飛ばして、必要な個所に時間をかければいい。子どもが興味を持っていることがらについて話し合い、さらにオンラインや図書館で調べることもできる。もし、子どもがアメリカ大統領になりたいと言うなら、すぐれた大統領に必要だと親が思う項目に沿って、カリキュラムを組み立てればいい。とにかく、子どもが将来ほんとうに大統領になれると信じることだ。親が自信を持てば、子どもも自信を持つようになる。

同じ例で言うと、もしわたしの子が大統領になりたいと言い、まだ幼くて本を読めないとしたら、すぐれた大統領の自伝をいくつか読んで聞かせるだろう。自分で本を読める年齢なら、歴代大統領の自伝を読ませる。もっと大きくなったら、政治や歴史、法律、行政の本を紹介していく。そしてなによりも、聖書の「箴言」をよく理解させ、その子には、最高の指導者であった賢人ソロモン王［*25］のように賢くなってもらいたい。読んでいる本について毎日レポートを書かせてもいい。加えて、数学や科学やそのほか興味のある科目を選択していけば、カリキュラムは満たされる。たとえ、わが子が英国のジョージ王子であろうと、貧民窟《ひんみんくつ》の少年であろうと（ディズニー映画『放浪の王子』の主人公ふたりのように）事情は変わらない。親は子どもの関心事を見つけ出し、それを追求する機会を与えてやるだけだ。子どもの願望は、機会を与えられてこそかなえられる。本人の夢が音楽家か画家かによって、履修すべき科目は少しばかり違ってくるだろう。ホームスクーリングのよいところは、子どもがまさに必要とするもの——多すぎも少なすぎもせず——を与える自由があるということだ。

*25　旧約聖書の「列王記」に登場する古代イスラエルの第三代の王。古代イスラエルの最盛期を築いた。「箴言」のなかの格言の多くは、ソロモン王によって作られたとされている。

「ホームスクーリングについて思うこと」

キース（執筆時一一歳・二〇〇九年）

ぼくはこれまで、人生の節目となるような経験をたくさんしてきたし、それは、ほかの人たちもたいていは同じだろう。死や結婚や薬物依存によって、ひとりの人間の一生は大きく変わることがある。なかには、自分の人生を無理やり変えようとする人もいるけれど、変化のほとんどは、向こうから自然にやってくる。ぼくは、自然な変化こそがいちばんいい変化だと感じる。なぜなら、それは神によって定められたものだから。ぼくの人生でもっとも大きかった変化のひとつは、これまでホームスクーリングで勉強していた自分が大学生になったことだ。

それによってまず変わったのは睡眠時間だ。前は学校に行く必要がなかったから、ほぼ毎日、午前八時に起きていた。平日、うちの家族はたいがい午前九時ごろ朝食をとり、九時半に勉強を始めていた。大学はホームスクーリングとは全然違う。今学期は午前七時からの授業がひとつあるので、着替えて朝食をとって学校まで車で送ってもらうには、五時半に起きないと間に合わない。そのために就寝時間も変わった。家で勉強していたときはほとんど毎日、一一時間は眠っていた。今は宿題があるため、ほぼ毎晩、眠りにつくのは一〇時ごろだ。だから七時間半か八時間しか眠れない。これでも、ほかの学生たちよりは長く寝ているけれど、ぼくにとってはひとつの変化だった。

もうひとつ変わったのは、毎日、車で送ってもらうようになったことだ。いうまでもなく、家で勉強していたころは車に乗る必要がなかったけれど、今は毎日三〇分、車に乗っている。両親はすごく忙しいので、毎日ぼくを送っていって迎えにくるのが大変なときもある。ママは、弟や妹たち全員を車に乗せ、それぞれに読ませるものを持って、学校までぼくを迎えにこなくてはいけない。

ホームスクーリングの勉強は、大学の勉強よりは簡単だった。家で聖書や音楽理論を学んでいたときより、今は多くの科目を勉強しているし、授業をたくさん取れば取るほど、その学期は手が抜けなくなる。家で勉強していたときは、すべての科目を一対一で教えてもらっていた。大学では、どの授業にも複数の生徒がいるため、質問に答えてもらうのが難しい場合もある。

全体的に、大学とホームスクーリングとはすごく違っている。大学にもそれなりのストレスはあるけれど、ホームスクーリングと大学という両方を経験することで、ぼくは以前より強くなれたと思う。いろいろな変化があったおかげで、前よりもいい人間になれたと信じている。

第12章　一三歳の大学二年生の一日

その日は定められ、その月の数もあなたと共にあり、あなたがその限りを定めて、越えることのできないようにされたのだから。
――「ヨブ記」第一四章五節

わたしがこれを書いたのは四年前のことで、そのときヒースは一三歳だった（二〇〇八年）。

午前六時――起床。ヒースは朝食を自分で用意して食べる。ただし、わたしが朝食を作る時間があるときは別だ（たいていはだれかの誕生日だけで、そのときはとても豪華な朝食を作る）。ヒースが食べるのは、たいがいベーグルかトーストだ。寝坊したときは、なにも食べずに急いで玄関を飛び出す。そのときはもう七時で、仕事に遅れてしまうから早くしろと父親が車のクラクションを鳴らして待っている。三キロほどの距離にある大学で、ヒースは車から降りる。

午前七時一〇分――教室でクラスメートたちと、ありとあらゆることについておしゃべりをする。こんなに若くして大学に通うようになった理由を説明しなければならないことも多い。クラスメートたちはヒースに〝天才くん〟などというおかしなあだ名を考え出す。いかついフットボール選手たちはヒースを〝人気者《ビッグ・マン》〟と呼び、彼らよりは小柄なサッカー選手たちも、同じように敬意を払ってくれる。

午前八時――授業開始。一〇日の水曜日にヒースは秋学期の授業をすべて終える。履修していた科目は、「微積分学」「スペイン語」「世界の宗教」「アメリカ文学」だ。これまでの二学期間、成績はすべてAだったが、今期はもしかしたら微積分学とスペイン語がBかもしれない。結果はもうすぐわかる。次の学期が始まるのは一月一二日。今学期は自由時間が多すぎるように思えたので、次の学期は五科目を履修するはずだ。計画どおりなら、二〇一一年の五月に一五歳で卒業できる。そうなれば、姉たちの記録を破ることになる。姉たちは一七歳で卒業した。次の学期に履修する科目は、「効果的コミュニケーション法」「知恵文学〔おもに旧約聖書のヨブ記、箴言、詩篇の一部など格言的な内容のものを指す〕と詩」「イギリス文学Ⅱ」「スペイン語Ⅱ」「メディアと社会」。ヒースにとって、人前で発表をするのはかなりの難題になりそうだ。

午前九時――ヒースはキャンパスを歩いている。行きかう人だれもがほほえみかけてくれるので、手を振って応える。おそらくみんなこう思っているに違いない。「あ、あの子だ」

午前一〇時三〇分――授業が終わり、姉の友人であるチェリーを探す。ヒースはまだ運転ができないので、家まで送ってもらうのだ。チェリーはヒースを送ってきたついでに、週二回ほど、わが家の一〇歳の息子にバイオリンを教えてくれる。

午前一〇時四五分――家に帰り着くと、ヒースは腹ペコだ。またしても食事は自分で用意しなければならない。ヒースだけでなく、キッチンにたむろしている下の子たちも同様。わが家のランチタイムは〝自分のことは自分で〟が決まりだからだ。ただし、上の子たちはつねに下のきょうだいを手助けすることになっている。

午前一一時三〇分――ヒースが大学での出来事を家族に話しおえると、わたしは残りの時間を〝なにか建設的なこと〟をして過ごしなさいと言う。もちろん、本人はきちんと優先順位をつけているはずだが、なにしろ気が散りやすいので、親としてはこまめに行動をチェックしなければならない。もし息子が〝ふつうの〟学校に行っていたら、たぶんほかの子たちとしゃべったりふざけたりの度が過ぎて、トラブルを起こしていたのではないかとつくづく思う。だから、昼間は成人の学生たちと一緒にいられてありがたい。家では割り当てられた家事をきちんとする。自分の部屋を片づけ、自分の服を洗濯し（わたしは大きな子たちのぶんは洗濯しない）、キッチンを掃除する。テスト前や大量の宿題があるときは、わたしが家事を肩代わりして勉強の時間を与える。暇そうなときには、赤ん坊を見ていてくれるよう頼む。また、五歳の妹が音読するのを聞いてやったり、八歳の弟に代数を教えたり、一〇歳の弟の書き取りを直したりもしてくれる。ときには、三歳の子を機嫌よく遊ばせておくためだけに、ヒースの手を借りることもある。そんなふうにして、彼は相手の要求をさばく方法や、人とうまく接する方法を学んでいるので、将来それがきっと役立つに違いない。

午後には、ときおり家庭教師として一四歳の少女に代数を教える。高校生やホームスクーリング家庭の子にも教える。たまに、年配の女性の家に行って、パソコンの初歩的な使いかたを教えたりもする。木曜日の夜には数学クラブの集まりもあるようなのだが、大学からは課外活動をあまりしすぎないよう言われている。

ヒースは今、演劇の勉強ができるようになるのを、とても楽しみにしている。わたしは大学と相談して、文学部で映画を専攻しているヒースが、来年（二〇〇九年）一月から演劇科の授業にも参加できるよう頼んでみるつもりだ。息子は演技だけでなく制作にもかかわりたがっている。映画制作が夢なのだ。いつか自分で制作する予定の映画について話すとき、ヒースの目はキラキラ輝いている。

夜はほとんどいつも家族で過ごす。きょうだい同士はみな親友のように仲がいい。家族のいちばんのお気に入りは、全員で映画を観ること。最新作だけでなく古い映画を観るのも好きだ。ヒースは映画の制作過程に興味津々で、俳優たちのセリフも嬉々として覚える。

二週間ほど前、わが家の友人が、ヒースと姉とをモンゴメリー交響楽団の演奏会に連れていってくれた。ヒースはこれまでも、母親や父親や姉たちや親戚や、家族ぐるみの友人たちと、演劇やバレエや音楽イベント、クリスチャン向けコンサートや美術館に何度も出かけている。

わが家の子どもたちは、さまざまな場所にさまざまな年代の人と出かけていくので、同じ年恰好で同じような喋りかたをする仲間とショッピングモールをうろつくなどということはしない。軍人の家族として、子どもたちはこれまであちこちの州で暮らし、多様な人たちと出会ってきた。もちろん、ヒースも教会やサッカーの練習で同年代の子と知り合いになるが、仲間同士で〝もたれ合う〟ことはない。

家族の誕生日は、わが家にとってきわめて特別な日だ。客はほとんど招かない。おおぜいの招待客にごちそうをふるまう必要がなければ、それだけ多くプレゼントがもらえるよ、と子どもたちには伝えている。ただし、節目となる誕生日があって、それはキンセアニェーラ（一五歳になった女の子のためのメキシコのお祝い）、一八歳の誕生日、二一歳の誕生日だ。そのときには、近所にもよく知られているとおり、知り合い全員を招いて裏庭でにぎやかなパーティーを大々的に催す。

大学卒業の際も、同じようなパーティーを開く。家族はみな食べるのが大好きで、ダンスも欠かせない！　ヒースのダンスはちょっとした見ものだ。一一月一一日の第一次世界大戦終戦記念日に、ヒースは一三歳になった。

週末になると、子どもたちは宿題を片づけるのに精を出し、そのあとはリラックスして過ごす。家のなかに修理すべき個所があれば、みなで協力して取り組み、終わると散歩したりどこかへ出かけたりする。たいがい家族一緒だ。夫婦ふたりだけでデートをするときには、ヒースが姉たちとともに、率先して下の子たちの面倒を見てくれる。子どもたちは、このときとばかりに〝キッズ・パーティー〟を開く。パーティーでなにが行なわれているのか、詳しい様子はわたしにはわからない。一度も招待されたことがないからだ。

家族でまとまった休暇を取っていたのは、夫が転属したときだけだ。軍人の家族だったころは、三年ごとに引っ越しをしていた。だから、子どもたちはこれまで、カンザス州、コロラド州、ユタ州、ネヴァダ州、カリフォルニア州、ニューメキシコ州、アリゾナ州、テキサス州、ミシシッピ州、ルイジアナ州、アラバマ州、ジョージア州の一端をその目で見てきた。家族でディズニーワールドにもディズニーランドにも行ったし、ヨセミテ国立公園でキャンプをしたり、グランドキャニオンでハイキングをしたり、ラスベガスのホテルを見てまわったり、野球場でオークランド・アスレチックスの試合を見たり、ハースト・キャッスル〔アメリカの新聞王ハースト家の豪邸。カリフォルニア州サン・シメオンの観光名所〕を見たり、ピズモビーチでブギーボード〔タブレットに字や絵を描ける電子メモパッド〕に絵を描いて遊んだり、サンフランシスコで観光をしたり、タホ湖でスキーをしたり、ニュージャージー州のプライベート・カントリークラブでダスティーミラー〔白妙菊〕を見て楽しんだりしたこともある。こうしたイベントのほとんどは、軍での任地異動があったからこそできたことだ。

「ホームスクーリングについて思うこと」

セス（執筆時一二歳・二〇一三年）

いちばん最初の記憶として思い出せるのは、読みかたを習っている場面だ。当時、ぼくは五歳で、字を読むのがすごくいやだった。読むのが大きらいなので、字を読まなくてもできる仕事を本気で探そうとしていたくらいだ。でも、ちゃんと読めるようになったとたん、ほかの科目の時間にも本を読んでいて叱られるほどになった。ぼくたちは自分の読みたいものをどんどん読んでかまわないのだが、午前中は決まった日課を順番にこなさなくてはいけない。まず家事をしてから、聖書の勉強、数学、そして文章を書いたあとは、歴史や科学の本を読む。それが全部終わったら、なんでも好きなものを読める。今では本なしの生活は考えられないし、とくに歴史の本は欠かせない。お気に入りは中世の歴史ものだ。なにがきっかけで中世に興味を持ったのかは覚えていないけれど、初めて図書館利用カードを作ったとき、読みたいと思ったのが唯一その分野だったことは覚えている。かっこいい武器の写真を全部見てしまったら、今度は中世のあらゆる武器をできるかぎり自分で作ることが目標になった（すでにふたつ完成した）。実際に使える巨大な石弓ができあがって母に見せたとき、半分驚き半分おびえた顔をされたのを覚えている。

一一歳になったときには、中世のコスチュームを四、五着完成させていた。ちょうどそのころACTを受験し、スコアは一七点だった。その結果、兄のキースが通うフォークナー大学に条件つきで入学することができた。フォークナー大学の合格基準点は一八点だったが、嬉しいことにチャンスをもらえたのだ。その後、妹のカトリーナが初めてACTを受験するときに、母の言う〝つきそい〟でぼくももう一度受けられることになった。そのときの結果は二一点。大学では歴史を専攻することに決め、その後、家から近いハンティンドン大学に編入した。だから、今は母が下の子たちの世話で忙しいときでも、授業が終われば歩いて帰れる。万一、歩いていて警官に呼びとめられ、この時間になぜ学校にいないのかと訊かれてもいいように、大学の学生証を持ち歩いている。それにしても、警官はぼくが大学生だと信じてくれるだろうか？

セリーナもピースもハンティンドン大学を卒業したので、ぼくもそこを卒業するのが楽しみだし、順調にいけば一五歳の誕生日までには卒業できると思う。

第13章　ホームスクーリングをしない親への助言

主人は彼に言った、「良い忠実な僕よ、よくやった。あなたはわずかなものに忠実であったから、多くのものを管理させよう。主人と一緒に喜んでくれ」

――「マタイによる福音書」第二五章二一節

読者のなかには、わが家のやりかたに興味はあるもののホームスクーリングはしない、という人もいると思う。そんな家庭でも、子どもに応用できる方法はあるのではないだろうか。どんなアドバイスをすれば役に立てるだろう？

ここでは、ホームスクーリングをしない家庭のために、子育てのヒントをいくつか挙げてみよう。

1

人格形成はどんなときもわが家にとってなにより大切であり、子どもたちは黄金律を学ばなければならない。つまり、「何事でも人々からしてほしいと望むことは、人々にもそのとおりにせよ。これが律法であり預言者である」（「マタイによる福音書」第七章一二節）ということだ。わたしたちはクリスチャンなので、聖書をよりどころにしている。どんな価値観を子どもに教えるかは、それぞれの親が決めることだ。

2

わが子が学校でなにを勉強しているか、親は気にとめておく必要がある。これは先ほど挙げた、自分の子が習得していく価値観に責任を持つ、ということに通じる。もしその内容が好ましくないものなら、親が教師や校長や教育委員会に問題提起し、そうした内容を教えないよう意見を言わざるをえないこともある。ときには、学校側が耳を傾けてくれる場合もある。もし交渉が決裂したら、子どもを学校に行かせないほうがいいかもしれない。

3

わが子の友だちがどんな子か、きちんと知っておこう。もちろん「隣人を愛する」ことは必要だが、行儀の悪さを真似する必要はない。これは人格形成にもかかわる話だ。自分がなにを信じ、なぜそう信じるのか、子どもたちは自覚していなければならない。悪さばかりしているクラスメートがいるなら、そういう子とはなるべくつきあわないよう気をつけるべきだ。

4　わたし個人としては、宿題はまったく必要ないと思っている。というのも、子どもは学校にいるあいだ、七時間かそこらも勉強しなければならないのだから。夜や週末を家族と過ごせば、子どもは間違いなく多くのことを学びとる。宿題があるなら、親がちょっと手を貸して終わらせれば、そのあとは家族で充実した時間を過ごせる。できれば学校にいるあいだ、あいた時間に宿題を終わらせてしまうのも手だ。少しばかり自由な時間を与えてくれるよう、学校に頼んでみてもいい。

5　できるだけ宿題を減らす工夫をしてみよう。もし、教師がたえず宿題を〝めいっぱい〟(同じような問題ばかり集めたプリントを大量に)持ち帰らせるのなら、次回の三者面談の折にでも、この項目は習得済みなので(実際に解いてみせるなどしてわかってもらう)貴重な家族の時間を、似たようなプリントに費やさなくていいようにしてほしいと提案することもできる。

6　もし、わが子がなんらかの分野でとくに秀でているようだと気づいたなら、親は可能なかぎり手を尽くして、特別プログラムを受けられるよう頼むか、飛び級を許可してもらうべきだ。地域のマグネットスクール〔特定の科目を強化して広域から生徒を集める学校〕やチャータースクール[*26]や私立学校に転校させれば、刺激のある授業を受けられて、退屈せずにすむかもしれない。また、才能ある子には欠かせない一対一の時間が持てるよう、学校や地域で個人授業をしてもらえないか調べてみてもいい。

7　両親が共働きの場合は、地元で適任者を見つけ、報酬を支払ってホームスクーリングしてもらうこともできるかもしれない。そのほうが結局は早く卒業できるのであれば、授業料の節約にもなる（一年ごとに授業料を払っているのなら）。居住する州の法律でこの方法が可能かどうか、「ホームスクール法律擁護協会」（HSLDA.org）で確認してみるといい。

8　もしかしたら、学校のカリキュラムを補ったり、追加でなにかさせたりする方法を知りたい読者がいるかもしれない。わたしたちは、子どもが一日じゅう家族と触れ合う時間を持てずに過ごすのはよくないと心から感じているので、余分なものを詰め込む必要はないと思う。それでも、もっとなにかを学ばせたいなら、本書ですでに触れたとおり、子どもの関心のありかを見きわめ、勉強したい内容を本人に選ばせればいい。学校にいると、学習内容はすべて決められてしまう。けれども、家でなら、興味のある分野を自由に選ばせ、やる気をかきたてることができる。ただし、それを強制してはいけない。

*26　州政府と特許状を交わしたうえで、保護者、地域団体などが公費で自主運営する一種の研究開発校。

9

単位を多めに取ったり飛び級をしたりして、なるべく早く卒業する方法を探そう。同時に、ACTかSAT、またはその両方の受験準備をしておくといい。早い時期に受けさせておけば試験に対する不安が減るし、何年もかけて点数を伸ばしていけるので、高校三年生や四年生になってからあわてて準備する必要もなくなる。実際、子どものスコアを見れば意外に高くて驚くかもしれない。もし成績がよければ、地元の大学に二重登録させてみる気にもなるだろう。今通っている高校を本人がひどくいやがっているのなら、高等学校卒業認定試験（GED）を受けて（一六歳で受験可能な州が多い）、早めに大学に通いはじめることもできる。

10

親子でものづくりに取り組む計画を立ててみよう。たとえば、親が子どもたちと心底楽しんでできるのは、ウッドデッキ作りだ。わたしは、子どもたちとわが家のウッドデッキを作って楽しんだことがある。子どもたちは組み立てかたをひととおり習得し、親も子どもとともにやりかたを身につけていく。一緒にYouTubeの動画を見たり、ウェブサイトで説明を読んだりしてから、車でいそいそと木材の調達に出かけ、途中でアイスクリーム屋に立ち寄ったりもする。子どもたちが関心を示してくれれば、こうした機会は家族の絆を強めるのにもってこいだ。ただし、子どもが乗り気でない場合や、全員で楽しむのが難しそうな場合は、最初から大ものを作ろうとしないほうがいい。

コラム

ホームスクーリングをしない家庭へのヒント

1　学校の勉強が将来の仕事にどう役立つのかを教えよう。
2　本人の興味のあることを自由に深めていく時間を作ろう。
3　子どもが自分ひとりで勉強できるようにしよう。
4　めざす職業に就くための具体的な計画を立てさせよう。
5　同年齢の友人以外の人たちとの接しかたを教えよう。
6　可能性を狭めてしまわないよう、夢は大きく描こう。たとえば、ただシェフをめざすより、レストラン経営を目標にしよう！

「ホームスクーリングについて思うこと」

カトリーナ（執筆時八歳・二〇一一年）

わたしは三月一二日に生まれました。好きなかもくは算数と理科です。算数はわかるときだけ好きです。理科が好きなのは、じっけんがすごく楽しいから。わたしは今八さいで、代数の勉強をしています。今はダンスにきょうみがあります。ことしの夏、お兄ちゃんが一〇さいでACTを受けたので、次はわたしが受けるつもり。わたしのお気に入りは、パパのために絵を描くこと。パパは、ふうけい画がいちばんじょうずだと言ってくれます。

わたしはミュージカルが大好きなので、早く大学に行きたいと思っています。最近、フォークナー大学にミュージカルの授業があることを知りました。大学には一二さいで行けるようにしたいのです。早く入学すれば、ほんとうにしたい仕事をさがす時間が、そのぶんたくさんできるから。これまで、きょうみのないことについて、むりに本を読んだり書いたりさせられたことは一度もありません。両親は、わたしが読みたいものを読ませてくれるし、書きたいことを書かせてくれます。わたしは歌うのが大好きなので、ミュージカルをぜひやってみたいと思っています。

第14章 ディスカッション、運動、実験

わたしたちは神の作品であって、良い行いをするように、キリスト・イエスにあって造られたのである。神は、わたしたちが、良い行いをして日を過ごすようにと、あらかじめ備えて下さったのである。

——「エペソ人への手紙」第二章一〇節

聖書には、神を愛することと、それを子どもに教えることとの大切さが書かれている。子どもが家にいるあいだ、親が一緒にできることはいくつもあるし、子どもにとってはそれが学びになる。たとえ、子どもが一日の大半を学校で過ごすとしても、せめて家にいる時間は有効に活用したい。親が教えるべきは、ものの考えかただ。

質問しよう

日々の生活のなかから、教えることがらは自然に生じてくる。たとえば、子どもにこんな質問をしてみよう。

◎夕方、散歩に出かけるたびに、ホタルの数を数えてみよう。
◎もし近所の人たちが蚊よけスプレーを撒《ま》いたら、ホタルの数は減ると思う？
◎殺虫剤は人間には無害だと地元の役所から言われたら、それを信じる？
◎この地域で病気の発生率は上がると思う？　そういうデータを研究者はどうやって導き出すのだろう？　もし蚊の個体数が減ったら、自然環境にどんな影響があるだろう？　人間にとっての快適さは、環境に悪影響を与えないことより大事だろうか？

どんな質問でも、子どもに学びのきっかけを与え、成長を促してくれる。子どもに質問をしてみれば親子で楽しめるし、充実した会話を交わす機会にもなる。

実験

水道水を観察してみよう。水道局は市民の〝安全〟のためにどんな薬品を入れているだろう？

顕微鏡があるなら、スライドガラスに水道水を一滴のせ、別のスライドガラスにペットボトルの水を一滴のせて見てみよう。どんな違いがあるだろう？　これは九年生の実験課題だが、七歳か八歳でもできる。今度はピーナッツバターかゼリーをのせてみたら、なにが見えるだろう？　そして夜、そこに懐中電灯の光を当ててみたらどうなるだろう？（この質問にはわたしが答えよう——おそらく実験マニアになるか、あるいは一二歳までに大学に行きたくなる）

子どもが学校の勉強では飽き足らなかったり、夏休みに退屈していたりするなら、思わず調べたくなるような、ちょっとした課題を与えてみるといい。

YouTubeを開いて、検索バーに「家でできるおもしろい実験」と入力し、どんなものが出てくるか見てみよう。すぐにできそうな実験がたくさんそろっているが、ここでも、どれをやってみたいか子ども自身に尋ねよう。マッチを使わないことと、親の見ていないところではぜったいに実験しないことだけは言い聞かせる必要がある。そして、子どもたちには、たとえば〝PUMA《プーマ》〟（「子どもにふさわしくないことがらPersonally unsettling material」の頭文字を取った略語）のようなオリジナルの合図をあらかじめ教えておき、それを親に言われたら終了させる。

化学や物理に親しみを感じない子の場合は、その子がYouTubeやほかのウェブサイトで夢中になっている分野に関連づけられないか考えてみよう。あくまでも子どもの関心に沿った実験を探し、ほかの分野をどう組み込めばいいか考えることだ。こういうときこそ、ひとりひとりにあつらえた学習や、履修を先取りした学習が威力を発揮する。子どもがやりたがっているすべての実験を、親子で一緒に計画してみよう。

やがて、親子が〝遊び〟重視の実験から卒業し、子ども自身が学びの大切さを理解するころになれば、子どもは、好きな分野の学位に結びつく大学レベルの学習に興味を持ちはじめる。もし、子どもがパソコンのマウスを自由に操れていないとしたら、それは親が楽しみすぎているからだ。マウスは子どもに握らせ、そしていつも言うように、親は子どもの邪魔をしないこと！

美術プロジェクト

ホームスクーリングで実習を楽しむには、こんなやりかたもある。テーブルの上にティーポット、鍋、花瓶、キャンドル立て、フォークやナイフ、目を引く飾りものなどをいくつも並べておく。そうして、子どもが何歳であれ、テーブルの上にあるものを動かさずに、少なくともなにかひとつを選んで絵を描くように指示する。あるいは、丸ごと全部を描いてもかまわない。もし親に余力があれば、子どもたちが描きあげた絵をよく見て意見を言ってもいい。この作業が楽しいのは、部屋や庭やキッチンやガレージから、テーブルに置くものを見つけてくるのが単純におもしろいからでもある。写生が終われば、今度はテーブルを子どもに片づけさせる練習にもなるし、次回は親もこのゲームに参加することにしてもいい。

算数プロジェクト

「こどものための算数」と打ち込んでグーグルで検索するか、あるいは図書館へ行ってみよう。

親子で楽しめる算数ゲームは、数えきれないほどある。インターネットは悪いものだと教えてはいけない。ストーブと同じように、慎重に賢く使う方法を教えればいいだけだ。カトリーナは、下の子たちを遊ばせるよう頼まれると、よく“SheppardSoftware.com”を使う。このサイトで数を数えるゲームをさせておけば、サンダーはしばらくおとなしく椅子に座っていてくれる。ロリーナはこのサイトの「フルーツ・シュート」〔算数の問題が出され、正解の書かれたフルーツを撃っていくゲーム〕で暗算の練習をするのが好きだ。マリアンナもゲームで掛け算の練習をしている。

わが家の子どもたちは、母親がいなくてもこんなふうに算数の勉強ができるサイトをじょうずに見つけてくる。母親はややこしい質問に答えるためにいる。ただし、質問がさらにややこしくなったときはハンナの出番だ！

生物と化学のプロジェクト

理科の実験に適した道具がなかったり買えなかったりする場合は、地域のホームスクール支援協会に頼ろう。大学で生物学と医学を学んだセリーナは、大学に入るまでまともな実験をした経験がまったくなかった。わが家の子どもたちは全員、大学に入ってから実験をしはじめたが、とてもじょうずにこなした。初日は基礎から教えてもらい、理系を専攻した子の場合は、本格的な実験ができるところまで進歩したのだ。

蝶や虫を捕まえるのは、昔からある楽しい遊びだ。捕まえてきたら、虫の名前をインターネットで調べてみよう。そのあと、もう使わない鋭利なナイフで解剖してもいい。化学実験セットを使ってできる実験はいくらでもあるが、まずは小ぶりで安全な実験セットから始めてみよう。親の監視はつねに必要だ。長女も実験セットをひとつ持っていたが、なにしろ幼い子たちがたえずまわりにうろちょろしていた。わが家ではたいした実験をしなかったが、子どもたちは化学や物理や生物の実験技術を、すべて大学に入ってから身につけた。長女が持っていた実験セットは、たしかわたしたちがカリフォルニアに住んでいたころ、ホームスクーリングの集会で買ったものだ。しかし、家で化学薬品を使うことが、わたしはどうにも不安でならない。

“HomeTrainingTools.com”というサイトを見れば、よさそうな実験セットがたくさんそろっている。ただし、本気で子どもたちにキッチンを開放するつもりがあるのならだが……。幸運を祈る！

既成概念を疑う

親は、最新の科学知識をあえて疑ってみるべきだ。広く受けいれられるようになった理論だからといって、つねにそれが正しいとはかぎらない。

たとえば、子どもに、暗黒物質《ダークマター》理論についてインターネットで調べた結果を一枚の紙にまとめさせてみよう。この理論はなぜ結論が出ていないのか？　ほかにはどんな理論があるのだろう？　どうすれば、この理論が確実に正しいと証明できるのか？　観測できない〝幻影〟が、ほんとうに未知の物質の存在を証明するのかどうか、子どもに調べさせてもいい。あるいは、こんな質問をしてみよう。自然界ではなぜ渦巻きが発生するのか。バスタブから排水するときの渦巻きとどういう関係があるのだろう？　竜巻やトルネードやハリケーンやサイクロンはどうだろう？　南半球の、たとえばペルーやオーストラリアなどでは、どっちまわりになるのだろう？　あるいは、魚の群れが同じ方向に泳いでいるとき、一匹だけ別の方向に行ったらどうなるかを調べさせることもできる。

ダンス・プロジェクト

この項目はことのほか重要なので、キップが書いている。ぼくはタップダンスが大好きなのだ。激しい運動だから男の子向きだし、子どもの肥満防止にも役立つ。バレエを学べば教養が身につくし、ジャズダンスなら身体がしなやかになって筋肉もつくし、ダンスフロアで踊るときも自信を持てる（そうなれば、将来の伴侶が好意を寄せてくれるかもしれない）。

歴史と政治のプロジェクト

学ぶことの神髄を子どもに味わわせるなら、たとえば、コロラド州の一一の郡はなぜ分離してノースコロラド州を作りたがっているのか、インターネットで調べさせてみよう。この課題はどんな側面から考えてもかまわないが、親も子どもと一緒になって勉強したほうがいい。そもそも、コロラド州はどのようにしてできたのだろう？　ルイジアナ買収［*27］とはなにか？　子どもたちは、自分の意見や政治的傾向を、親の考えから形成していくことが多い。なぜこの問題が重要だと思うのか、互いに質問を出し合おう。異なる立場から考えさせるため、まずは分離に賛成の意見を挙げさせ、それから反対の意見も挙げさせる。親は中立の立場を取り、子どもがどういう意見を持つようになるか見守ろう。子どもは大人の意見に左右されやすいので、どうすれば親が公平な見解を示せるか、よく考えたほうがいい。

親がなんの知識も持たない話題があったとしても、それはそれでかまわない。教師として適任かどうか、そして取りあげる課題が良質かどうかを決めるのは、内容よりもむしろ出てくる結果なのだ。子どもが親と一緒に学び、親も学びながら子どもに説明していけば、政治や環境や地理や銃規制法案や合衆国憲法といったさまざまな問題が、身近なことがらに思えてくる。

異なる分野の話題が入り混じっても心配はいらない。人生とはそういうものだから。分業による経済成長の時代には、授業科目はつねに縦割りで専門化されていた。しかし、現在の情報化時代には、他分野を適切に混ぜ合わせるべきであり、子どもには、重要な意思決定の場面で複数のアイデアがどうまとまっていくのかを見せたほうがいい。

地理のプロジェクト

たとえば、次の四種類の生物がどの地域に棲息《せいそく》し繁殖しているか、自分で作った世界地図に分布図を描いてみる。四色定理［*28］を使って塗りわけ、どの色がどの生物に対応するかを凡例で示し、それぞれの色がなにをあらわしているのか説明してみよう。

◎アザラシ
◎セミ
◎コウノトリ
◎ムカシハナバチ

こんな話題でも議論できる

◎死んだアルマジロの脇を車で毎日通るとしたら、何日目くらいで気にとめなくなるだろう？　日がたつにつれて匂いがひどくなるかもしれない。しかし、やがてその匂いも気にならなくなるだろう。これは、不公平税制にも当てはまる。最初は税金を払うのをわずらわしく感じるが、そのうち関心を持たなくなるからだ。なぜ課税と財政支出の問題は、経済政策のなかで優先順

*27　一八〇三年にアメリカがフランスから、現在の一五州にまたがる広大な領地を買収した。
*28　どんな地図でも、隣接する領域が異なる色になるように塗るには四色でよいという定理。

位が高いのだろう？（一ページぶんの解答を書く）

◎「ライト兄弟の功績」について考えてみよう。仮に、有名な発明家であるライト兄弟が、実際は人類初の飛行をしたわけではなく、その業績によってのみ讃えられているとしよう。それでも、彼らは航空機の発展にもっとも貢献したといえるだろうか？　もしかしたら、わが家も教育やホームスクーリングの分野で、同じような立場にいるのだろうか？（話し合う時間を二分用意する）

◎パーティーで会話をしているときに、仕事のコネを得ようとするのは道徳にかなった行為といえるだろうか？　議員に陳情するロビイストたちは、どこかの団体を代表して雇用の改善を求めているだけなのだろうか？　人脈を広げようとする彼らのやりかたは、あなたたちが将来、就職するときのやりかたとは違うといえるだろうか？　そういう要求が過剰になってきたら規制するべきか、それとも自由市場に任せるべきか。（五分間議論する）

こうした話題をめぐって、わが家では夕食の席や車のなかで、親子一緒に話し合う。たとえ話題が子どもには難しすぎたとしても、子どもたちがつねに刺激を受け、さまざまな出来事に関心を向けていられればそれでいい。脈絡のない事実を暗記する能力よりも、批判的に考え、適切な質問ができる能力を身につけてもらいたいのだ。

子どもに教えるときは、逆の立場からも教えるようにしたい。親は問題を設定し、子どもが自分の力で正しい結論にたどりつけるかどうか見守ってほしい。答えを探すときには情報が多いほどいい。ただし、共同で行なう学習作業を軽んじてはいけない。協調性のある子を褒めるのは大事なことだ。仲間と共同作業がうまくできない子には注意を与え、まずチームワークを教える必要がある。話すより聞くことを重視すれば、より多くのことを成しとげられる。

――キップ・ハーディング

「わたしがホームスクーリングでしていること」

マリアンナ（執筆時八歳・二〇一三年）

わたしはホームスクーリングが好きです。あまり外に出かけなくていいから。毎日わたしがすることを書き出してみます。作文、読書、理科、算数、ピアノ。朝は飼い犬のペブルズをケージから出してあげます。お姉ちゃんのカトリーナもわたしも家事のお手伝いをしていて、前はよく役目をこうかんしたりしていました。でも、今はずっとわたしが料理をお皿にもって、カトリーナは掃きそうじをしています。おせんたくは好きじゃないけど、みんなでお手伝いをしないと、着る服がなくなってしまいます。

学校ってどんな感じなのか知りたいから、一日だけ行ってみたい。でも、毎日行きたいとは思いません。

大きくなったらお医者さんになりたいです。外科のお医者さんがいいか、それとも赤ちゃんを取り出すお医者さんがいいかはまだわかりません。そういうお医者さんのことをなんと呼ぶのか知らないのです。体のいろいろな部分について説明してある理科の本を持っていて、それはもう読みおわりました。ハンナは、医科大学入学試験（ＭＣＡＴ）の本を読んだほうがいいと言うけど、わたしは子ども向けの理科の本をもっと読むほうがいいと思っています。たぶん、わたしがお医者さんになりたいのは、人を助ける仕事だから。それと、ちっちゃくてかわいい赤ちゃんが好きだから。

ときどき、妹のロリーナといっしょに本を読みます。ふたりでサンダーに本を読んであげることもあります。

今日はへんなことがおきました。ブランコから落ちて痛かったのに、わらっていたのです。思わずブランコにしがみついたけど、落ちてしまいました。こわかったのに、なんだかおかしかった。

よその子たちにも、ホームスクーリングをすれば楽しいよ、と伝えてあげたい。

洗礼を受けるのはこわいと思っていたけど、楽しかった。洗礼の水はあったかかった。

好きな色はブルーで、好きなねんれいは八さい。おとなのねんれいで好きなのは一八さい。わたしは今、八さいです。

第15章 わが家のホームスクーリングQ&A

愚かな者にその愚かさにしたがって答をするな、
自分も彼と同じようにならないためだ。
——「箴言」第二六章四節

わたしたち夫婦は、わが家のことや、わが子を一二歳までに大学に行かせる方法について、実にさまざまな質問を受ける。そのなかから、よくある質問をいくつか選んで答えてみたい。

Q　お宅の子どもたちは天才なのですか？

A　わが家の子どもたちは天才ではありません。ただ、どの子も一生懸命に勉強し、ホームスクーリングから多くの収穫を得ています。

Q　どんな教材を使っているのですか？

A　まずは「アルファ・オメガ」のワークブックと「サクソンの数学」という教科書と、聖書と、図書館で借りてきた本から始めました。数学は、「カーンアカデミー（KhanAcademy.org）」（無料！）も利用しています。このウェブサイトには、ほかの科目もあります。教材として使う本は、図書館で子どもたちに選ばせたり、何年も前から集めてきた古い大学の教科書を利用したりしています。

魔法のような教材などありません。どんな教材を選ぶにしろ、大事なのはやりがいがあっておもしろいこと。初めて触れる概念に子どもがついていけない場合は、しばらく棚にしまっておき、またそのうちに出してくればいいのです。

Q　大学へ行かせるには借金をしなければならないのでしょうか？

A　わが家の子どもたちは、親が彼らの年頃だったときより、はるかに目的意識を持っているし、大学の学費がいくらかも知っています。もちろん、多額の奨学金や補助金［*29］を受けているものの、それでも足りず、子どもたちの将来のために借金をしています。だから言いたいのですが、親は教育のための借金をうしろめたく感じる必要はありません。教育は先延ばしにするより、早いうちに受けるほうがよいのです。子どもが大きくなるまで待ってから大学に行かせるとしたら、そのほうが問題です。授業料は年々上がっていくのですから！　もちろん、大学教育にはとてつもないお金がかかる場合もありますが、それもすべて、子どもがどれほど熱意を持っているか、そしてどの大学に通うかによるのです。もう一度言いますが、全部を現金でまかなえないとしても、うしろめたく思わないでください。それが現実なのだし、家を買うときにローンを組むのと同じです。子どもが学位を取得すれば、そのうち元は取れるでしょう。わが家では、子どもの教育にかかる費用はすべて投資だと考えています。

Q　課外活動はどんなことをさせていますか？

A　二〇〇一年、上の娘たちはサッカークラブでプレーしていました。彼女たちがチームで遠征に行くシーズンになると、親は多くの時間とお金を使ったものです。親も一緒になってサッカーにエネルギーを注ぎ込んだのは、娘たちが大のサッカー好きだったことと、いつものようにとことんサポートしたかったから。できれば、サッカーで奨学金をもらえるくらい頑張ってほしい、とも思っていました。結局、大学までサッカーを続けたのはハンナひとりだけでした。でも、勉強に集中するため、やがてそれもやめました。四年制の大学に編入する

＊29　アメリカの大学では、学費援助金として、返還義務のあるものとないものがあり、奨学金（おもに成績優秀者に与えられる）と補助金（おもに低収入家庭に与えられる）は返還義務がない。

と、たちまち数学で手いっぱいになったからです。

息子たちもサッカーを始めたのですが、スポーツで奨学金を得るのはとても無理だろうということがわかりました。おもしろいことに、ハンナは一二歳か一三歳のときにはすでに、大学の女子サッカーチームにいる小柄な選手と同じくらいの背丈がありました。ところが、わが家の男の子たちは状況がまったく違っていたのです。ヒースが父親の背丈をようやく追いこしたのは、修士課程に進んでからでした。このときはもう、学部課程の科目としてスポーツを履修するには遅すぎました。だからこそ、親は子どもたちそれぞれの秀でた分野に力を入れてきたのです。

下の子たちに関しては、また状況が違ってくるかもしれません。カトリーナは一〇歳にしてはかなり背が高いほうです。もし大学でスポーツをしたいと言うなら、応援するつもりです。けれども、本人はどうやら演劇に惹かれているようなのです。わが家の友人たちは、善意で地元の児童劇団を勧めてくれました。そういう場合、わたしたちは情報へのお礼だけを言うことにしています。大学レベルの課外活動を望んでいることは、いちいち説明しない場合もあるのです。相手の感情を傷つけたくはないのですが、子どもたちを大学生として見てもらうのは大事だと思っています。

同じように、二〇〇八年、キースが音楽やマーチングバンドに興味を持っていることを周囲に話すと、友人たちが地元のホームスクール合唱団や合奏団の情報を送ってきてくれました。そういう選択肢もあることをキースと話し合ったうえで、結局は大学のバンドで演奏するほうがキース自身のためだという結論になったのです。フォークナー大学でマーチングバンドを始めたときは経験ゼロの状態だっただけに、上達のスピードはめざましいものでした。クラリネットを吹きながら行進する方法を呑み込むと、めきめきじょうずになっていったのです。三年生と四年生のときには、セクションリーダーのひとりになりました。その後、合唱団でもセクションリーダーを務めるまでになり、合唱団の仲間から副団長に、それから団長に選ばれたのです。

Q　母親自身が機嫌よくしているための秘訣は？

A　夫のキップは気分にむらがなく、わたしの鑑《かがみ》です。ものごとがうまくいかないときでも、つねによい側面に目を向けることができるのです。状況がとことん悪いときでさえ、神の救いに感謝し、自分たちが恵まれていることを思い出すよう、子どもたちやわたしに教えてくれます。夫が落ち込んでいるときはわたしが励まし、よき〝伴侶〟になろうとします。実際、自分が伴侶という立場にあり、夫の慰めとなれるのは嬉しいことです。わたしが落ち込んだら、ソウルメイトである夫に頼ります。わたしたちは夫婦という絆を信頼しているし、信頼し合う姿を見せることで、子どもたちにも同じように幸福な人生を歩んでもらいたいのです。

Q　子どもがなにに関心があるか、どうすればわかるのですか？

A　答えは簡単。本人に訊けばいいのです！　もしお宅の三歳の男の子が、うちの子たちと同じようにダンプカーが好きなら、図書館に連れていって、ダンプカーに関する本を読んであげてください。もし一〇歳の子が、医師になるべきかどうか神に導きを乞うているのなら、大学の教科書を本人の机に積みあげておき、どんな反応をするか見てみましょう。そのうちの何冊か、あるいはほとんど全部がちんぷんかんぷんでもかまいません。もしかしたらその子は、医学が自分の想像していたものとは違うと気づくかもしれないし、ひょっとしたら難しい教材に触発されて、もっと調べてみようという気になるかもしれません。

　わが子にこんな教材は無理だろうと決めつけないでください。夢は大きく持たせ、星をめざして飛ばせましょう。

Q　きょうだい同士でライバル意識を持つことはありましたか？

A　これまでのところ、子どもたちはみな別々の分野を専攻しているので、きょうだいにありがちなライバル意識は見られません。それに近いことがあったとすれば、セリーナが一七歳でハンティンドン大学を卒業し、ヒースが同じ大学を一五歳で卒業したときくらいでしょうか。でも、セリーナは姉として実に愛情深く協力的で、弟が〝自分の記録を破った〟のを喜んで人に話しているほどです。ヒースのほうは、両親に加えて姉三人からも勉強を教えてもらえたので、スタートからして有利だったと自覚しています。彼は数学の公式だけでなく、人生についても多くのことを姉たちから学んだのです。

Q　わが子がＡＤＨＤ（注意欠陥多動性障害）と診断されたらどうしますか？　そういう子にはホームスクーリングを検討すべきでしょうか？

A　わたしたちは学習障害の専門家ではありませんが、ＡＤＤ（注意欠陥障害）やＡＤＨＤの子どもがホームスクーリングに救われたというケースは、何度となく耳にしてきました。そういう子は、われわれが想像するより多くの面で、ホームスクーリングに救われているかもしれません。ホームスクーリングなら、教室の生徒たちにも、クラスで取り組む作業にもわずらわされずにすむだけでなく、目の前の課題に必要なだけ、あるいは好きなだけ集中できるし、チャイムに合わせて次の科目に移る必要もありません。そのうえ、ほかの子と違うせいでいじめられるストレスや、標準テストを受けるプレッシャーもなくなるし、親にとっては、非協力的な学校職員と交渉するイライラや、子どもが授業に退屈する心配もなくなります。ＡＤＨＤの子は、並はずれて知能が高い場合も非常に多く、本人の求めるレベルや集中度にふさわしい教材を与えれば、ＡＤＨＤの症状が軽くなったり、すっかり消えてしまったりすることもあるのです。

Q　末っ子の成長ぶりはどうですか？

A　サンダーは独創的な子で、たいていはスーパーヒーローの衣装を身につけ、裏庭で遊んでいます。足が抜群に速く、小さな電動四輪車に乗って家のまわりを走るのも大好き。サンダーは実に個性的です。知らない人がそばに来ると、しばらくは恥ずかしそうにしているものの、心を許したとたん、名前どおり雷のごとくはしゃぎだすのです。おもちゃの剣と盾を手にすると、相手はたちまちやっつけられてしまいます。兄のセスとはしょっちゅう取っ組み合いをしており、ふたりで父親に挑みかかるときなど、サンダーはどうにか父を降参させようとするのですが、それはまだまだ無理そうです。

Q　上の子たちは今どこに住んでいるのですか？

A　ハンナは、通りのちょっと先にある、わが家の貸家でルームメイトと暮らしています。わたしたち家族と一緒に教会に通い、最近、“Christian Mingle.com”〔クリスチャン同士の出会いの場を提供するサイト〕にも登録しました。とはいえ、夫となる人は神がつかわしてくださると信じて待っているので、気軽に異性とつきあうつもりはないようです。言い寄ってくる男性にはいつも、まず父親に会ってほしいと伝えています。候補者をふるいにかけるには、なかなかいい方法でしょう。望ましい相手はほんのひと握りしか残ってくれず、いまだに〝この人〟という相手には出会っていません。

ロザンナはニューヨーク市で暮らし、クーパー・ユニオンに通っています。親に後押しされ、一九歳で結婚しました。サンフランシスコから移り住んだ新たな土地に、愛する夫セルジオとともに馴染もうとしています。ニューヨークという大都会で、自分たちを歓迎してくれる教会を探し出し、信仰心を持ちつづけたいと願っているのです。

セリーナは現在、メリーランド州のベセスダで勤務しています。レジデントとして長時間働いていますが、それでも医師という仕事を心から楽しんでいるのです。

ヒースは一一月に一八歳になります。もうしばらくは家にいてくれるでしょう。現在、仲間とちょっとした事業を始めたばかりで、これを大きくしていきたいと思っているようです。

Q　夕食のテーブルで、家族はどんな会話をするのですか？

A　わが家の会話は、あまり〝無難〟とはいえない話題のほうが多いくらいです。陰謀説や、とかく異論の多いテーマも俎上《そじょう》に載せ、〝大人の〟話題について考えさせるようにしています。とにかく、なんでも議論するのが好きなのです。九・一一という悲劇に関しても、失われた生命に失礼のないよう気をつけながら、忌憚《きたん》のない意見を言い合います。たとえば、「世界貿易センターの第二ビルは、飛行機が二番目に衝突したのに、なぜ最初に崩壊したのか？」。ひとつの説としては、第一ビルより低い部分に衝突したため、スプリンクラーの水圧が大きく、各階の床がたちまち水浸しになってしまった結果、より早く荷重がかかり、最初に崩壊したのではないか、というもの。とはいえ、それによって消防士たちの英雄的な努力に傷がつくことはありません。また、第七ビルは飛行機が衝突していないにもかかわらず崩壊しました。国防総省《ペンタゴン》では、生存者の証言によれば、飛行機の燃料はスプリンクラーの水より軽いため、水の上に炎が見えたとか。子どもたちには、飛行機に乗ったら機長がなんと言おうが、乗務員たちが「すべて順調です」「座席にいてください」と言おうが、もしかしたら、そのとき彼らは警戒を強めつつ次の行動を探っているかもしれない、と言い聞かせています。もちろん、家族の会話がいつのまにか穏やかな話題に移っていくこともあります。たとえば、グラウンド・ゼロでは毎年、美しい〝追悼の光〟が照らされることや、新しくできたビルの設計がすばらしいことや、惨事に立ちむかった勇気ある人たちのことなど。わが家ではどこかへ出かけるとき、時間が来ると「さあ行くぞ《レッツロール》」と声をかけるのですが、そんなとき、歴史的背景を知っている子どもたちは、同時多発テロの犠牲になったトッド・ビーマー〔*30〕に思いを馳せるのです。子どもたちには、だれかに従う人間ではなく先頭に立つ人間になってもらいたいし、つねに過去の教訓から学んでもらいたいと思っており、彼らも親のそういう願いを知っています。

もうひとつ話題を挙げてみると、たとえばこんなものがあります。「アポロ一一号はなぜフットパッド〔月着陸用に平たくした宇宙船の足部〕が大きく見える状態で月面に着陸していたのか。科学者によれば、月ができてから何十億年もたつので、その間に堆積した砂塵《さじん》を考慮すれば、アポロは一メートルほど沈み込んだはずだというのだが、実際は数センチしか沈んでいない」

こんなのもあります。「もし何十億年ものあいだ、月が毎年約三センチずつ地球から遠ざかっているのなら、はるか昔は地球の一部で、地球の引力の影響もなかったのではないか」。地球の年齢を調べてみると、この話題からはさらに多くの疑問が湧いてきます。なかには、「若い地球説」〔神が天地を創造し、地球の誕生は一万年以内とする説〕を信じる人たちもいるのです。わたしたちは、子どもが教科書の内容に飽き足らず自分から調べたくなるような話題を、ただ口に出してみるだけです。場合によっては、事実を調べさせるのを親がちょっとためらうような話題でも、取りあげざるをえないこともあります。

わが家が夕食の席で交わす会話は以上のようなものです。だれかが質問を投げかけても、つねに答えが見つかるとはかぎりません。それでも、子どもたちが批判的な考えかたを学んでくれればよいと思っています。同時に、気おくれせず質問したり、既存の説に異議を唱えたりすることも学んでもらいたいのです。

＊30　ハイジャックされた飛行機に乗っていた男性。地上に電話して情報を提供し、最後に「さあ行くぞ」とかけ声をかけて犯人に立ちむかっていったことで、この言葉が有名になった。

Q　周囲の大人との接しかたをどのように教えていますか？

A　次のようなエピソードから、わたしたちが子どもに教えていることを知っていただけたらと思います。

二、三年前、わたしはある書類にサインをもらうため、八歳の娘カトリーナを連れて勤務先の介護施設に立ち寄ったことがありました。施設に入っていく前に、そこでどんな光景を目にするか、娘にきちんと説明しておくのは大事だと思っていました。だから、手足を切断した糖尿病患者や、脳卒中の後遺症で顕著な麻痺が残っている患者や、精神的な病のせいで奇怪なふるまいをする患者に会うかもしれないことを、あらかじめ話しておいたのです。そして、怖がったりじろじろ見たりしないこと、入院患者たちには礼儀正しくほほえみかけることも教えました。それから、なにか質問があっても施設を出るまで待つようにとも。個人的な事情を尋ねて、相手をとまどわせてほしくなかったからです。

ときどき、なんでも訊きたいことを訊くように育てられた（これはいいことなのですが）子どもを見かけますが、そういう子は、質問すべきタイミングを教えられていないのです。たとえば、こんな出来事がありました。わが家が初めてカンザス州に引っ越したとき、ある男の子がわたしを指さして、あの人はなぜあんなに色が黒いのかと母親に尋ねたのです。それまで、ひどく日焼けしたヒスパニックを見たことがなかったのでしょう。無邪気なその幼子は、わたしのことをいつも〝茶色い女の人〟と言っていました。肌の色が違う人たちと接触した経験がなかっただけなのです。わたしはなんとも思いませんでしたが、ほかの人なら気にしていたかもしれません。この経験から、ある種の質問はときをわきまえるべし、という社会常識を子どもに身につけさせなければと思ったのです。

さきほどの話に戻ると、カトリーナは施設を出たあとで、やはりたくさんの質問をしてきたし、おかげでちゃんと教える機会を持てました。どんな内容であれ、子どもに教えるのをためらったことは一度もありません。思えばずっと昔、長女が車の窓から外を眺めながら、「月はどうしてあとをついてくるの?」と尋ねてきたときから、わたしたちはこういう会話を大切にしてきたのです。ハンナは今でもEメールや電話をしてきて、仕事や同僚のことで親に意見を訊いてきます。

ごく最近、職場の同僚がちょっとした事務手続きのため、一三歳の娘をその介護施設に連れてきたときも、周囲への気配りを教えられないまま大きくなる子がいるのを感じました。知的障害のある車椅子の青年が、その少女の前で車椅子を止めて顔を覗き込んだとき、その子はひどく驚き、大きな声で「この人、どうしてわたしをじろじろ見るの?」と言ったのです。どうやら、相手の行動に面食らったようでした。すると母親が、その青年はなにもわかっていないのだと説明しました。わたしは、一三歳にもなる少女がそんな反応をしたことに驚きました。施設に入る前に、看護師たちがよく〝申し送り〟と呼ぶような説明を親から受けていれば、さぞ本人のためになったでしょう。願わくは、帰る道すがら母親がきちんと説明してほしいし、そうすれば、今度来るときには周囲に気を配り、その場にふさわしい応対ができるはずです。

たしかに、子どもにはおざなりな答えを返して、「さあ、遊んできなさい。ママは疲れてるから」と言ってしまえば、どれだけ楽かしれません。けれども、きちんと時間をかけて子どもに伝えることは、ただ算数の暗算をさせるよりも、おそらくよい時間の使いかただといえるでしょう。算数の暗算なら、フラッシュカード〔文字や数字を一瞬だけ見せて覚えさせるためのカード〕を使えば、子どもひとりでもできるのですから。親と一緒にいるとき、子どもは自分だけに目を向けてもらえるのです。そんなときにこそ、親は子どもの関心の的を見つけ出せるかもしれません。たとえば、その子が医師になりたがっているのか、それとも看護師か心理療法士か理学療法士か、といったぐあいに。

Q　今後、ホームスクーリングはどうなっていくと思いますか？

A　夫もわたしも、子どもの教育にはホームスクーリングが最善だと信じています。とはいえ、ホームスクーリングができない家庭や、二の足を踏んでいる家庭が多いのも知っています。ホームスクーリング以外の方法として、いつの日か、たとえばわたしが考える〝TAGスクール〟のような学校がほうぼうにできたらよいと思っています。TAGとは、「ひとりひとりに合わせ、飛び級可能で、宗教を採りいれた（tailored, accelerated, and godly）」という意味です。そのような学校では、コースを何種類か設けてもいいでしょう。たとえば、ホームスクーリングが無理な家庭であれば、全日制コースに入学させればよいのです。あるいは、ホームスクーリングをしている家庭でも、専門家の助けが必要な科目、たとえば外国語や音楽、ACTやSATの受験準備、上級数学などにかぎって授業を受けさせることもできます。また、ホームスクーリングでわが子に勉強を教える方法を学びたい、という親に向けた授業があってもいいかもしれません。

政府からの助成金をいっさい受けないようにすれば、宗教を織り込んだ授業をすることも可能です。子どもたちは、ひとりひとりの興味と能力に応じた指導を受けます。年齢ではなく、能力によって進度を決めればいいのです。早い段階で大学に入ることも奨励されます。なぜなら、高校と大学の単位を同時に取得するには、それがいちばん理にかなった方法だから。教育を実りあるものにするため、教師ひとりが担当する生徒の人数はできるだけ少なくすべきです。

そして、公立の学校制度に苦しみ、よりよい教育法を必死に模索しているひとり親家庭の子に向けて、奨学金を用意できれば申し分ありません。

できれば、TAGスクールの生徒たちが早期の卒業をめざして勉強に励み、地元の大学から歓迎され、ひいてはスカウトされるようになればいいと思っています。

これをモデルとした学校がアメリカじゅうに、そして世界じゅうにできることを願わずにはいられません。ホームスクーリングの権利はぜったいになくしてはならないのですが、それが無理な家庭には、第二の選択肢としてＴＡＧスクールがあるべきでしょう。既存の公立学校制度に健全な競争相手を設けることで、この国の教育制度を改善していけるのではないかと思っています。

「ホームスクーリングについて思うこと」

ロリーナ（五歳・字の入力は母親・二〇一三年）

わたしは、けいさんをするのがすきです。ちゃんとこたえがでるから。2＋2＝4もしっています。『ディックとジェーン』のえほんをよむのがすきです。がっこうへはいきたくありません。ママにおしえてほしいので、いえでべんきょうしたいです。

いちばんおおきなかずはなに？　ずっとおおきくなっていくの？

母親：「そうよ。どこまでも大きくくね。でも今はホームスクーリングのことを話してちょうだい」

いろんなれんしゅうもんだいをいっぱいしています。それから、「タンブルブックス」〔オンラインで視聴できる絵本〕をみるのがすきです。

ほかに、なにをしゃべればいいのかわかりません。

第16章 美しい夢——差別のない社会を夢見て

わたしは、新しいいましめをあなたがたに与える、互に愛し合いなさい。わたしがあなたがたを愛したように、あなたがたも互に愛し合いなさい。互に愛し合うならば、それによって、あなたがたがわたしの弟子であることを、すべての者が認めるであろう。——「ヨハネによる福音書」第一三章三四節〜三五節

三女のセリーナがオーバーン大学モンゴメリー校への入学を決める前、別の大学もセリーナの成績証明書を審査し、入学審査部長はわが家の状況に理解を示してくれたように思えた。どうやら、セリーナはその大学で一科目受講できることになりそうだという手ごたえが、わたしたちにはあった。その科目は、次女のロザンナがまもなく受講しようとしていたスペイン語だった。セリーナにとっては、初めての大学の授業を姉と一緒に受けられる絶好の機会になる。わたしたち

はそう思った。

しかし、入学審査部長が大学の弁護士に相談したとたん、事態が変わった。審査部長はセリーナの入学を阻止しはじめたのだ。説明によると、その大学は夜間や週末や昼休みに授業を受けて学位を取得する社会人を対象にしているという。対象とする学生がおもに社会人であるのはたしかだとしても、セリーナの入学を阻止したいちばんの要因は、どうやら娘の年齢だったようだ。なんということだろう！

結局、娘はほかの大学に入学させ、損をしたのはむしろ阻止した大学のほうだと思うことにした。

この問題は、わたしたちが子どもに教えているきわめて大事なことともかかわっている。どんな学校でも、子どもには寛容を教えるが、わが家では、周囲の人に寛容であるだけでなく、どんな人種の人でもこちらから受けいれなさいと教えている。

キップとわたしは、八〇年代にインディペンデンス・ハイスクールに通っていた。あのころはほんとうに楽しかった。その学区［＊31］では、子どもたちをサンノゼのあらゆる地域からバスで

＊31　アメリカの公立校は学区によって独自に管理運営されているため、居住地域によって受けられる教育の質が異なる。

通わせ、芸術プログラムに参加させて、人種の多様化を促す試みをしていた。わたしはヒスパニックが多く暮らす地域から学校に通い、演劇とダンスの授業を受けた。演劇のクラスには、大所帯のフットボールチームでプレーするために入学してきた優秀な選手も何人かいた。そういうわけで、キップやわたしの仲間には、さまざまな人種の生徒がいたのだ。人種の枠を超えてつきあっているカップルもおおぜいいた。ある意味、わたしたちは肌の色に対して無頓着だったといえる。

結婚してカンザス州に移り、その後アラバマ州に引っ越して初めて、わたしは自分たちが人種の異なる夫婦として周囲から見られているのに気づいた。ここ南部では、他人の存在に黙って耐えるのは、靴のなかの小石に黙って耐えるのと同じだと感じる人がいることもすぐにわかった。だから、わが子にはもっと寛容になってもらいたい。相手の肌の色ではなく、心のなかを見てほしいのだ。人はよくこんなふうに言う。「わたしは人種なんか気にしないわ。〇〇人の友だちもいるし」。そして、自分にはこんな人種の〝友だち〟もいる、と次々に挙げはじめる。人種を気にしないという言葉が事実かどうか確かめるには、わが子が人種の異なるボーイフレンドかガールフレンドを家に連れてきたらどう感じるか、考えてみればいい。いわば、リトマス試験紙のようなものだ。

人種の異なる両親から生まれた子どもは、どちらの家系も大切にしながら育っていく。わたしたちは、子どもたちによくこんなふうに言う。もしアメリカで暮らす人全員が人種の違う相手と結婚したら、きっといざこざが減り、人種を申告させる国勢調査も必要なくなるに違いないと。夫は白人だが、彼の祖父がスペインの出身なので、夫のミドルネームはロペスという。そのため、国勢調査で「白人。出自はヒスパニックではない」という項目［*32］にチェックを入れさせられるたびに、いやな気分を味わっている。

二〇〇三年に、家を購入しようと物件を探していたとき、わたしたちはさまざまな人種が暮らす地域の家を見せてほしいと不動産屋に頼んだ。モンゴメリーという土地には人種差別があると聞いていたからで、そういうことには巻き込まれたくなかった。子どもたちには、シリコンバレーで過ごしていたときと同じように、多様な文化のなかで育ってほしかった。不動産屋は一件目にとてもよい物件を紹介してくれたものの、〝ほかの〟地域も見てみてはどうかとさかんに勧めてきた。つまり、白人が暮らす地域だ。わたしたちは不動産屋の意を汲んでほかの物件も見てみたが、やはり、ほどよく人種の入り混じった地域にある最初の物件を購入することに決めた。残念ながら、この地に駐留する軍人家族の多くは、不動産屋に言われるまま、街の東側や外側で暮らしている。わたしたちの生まれ育ったサンノゼがそうだったように、モンゴメリーでも〝白人の都市部脱出《ホワイト・フライト》〟〔白人がほかの人種との混住を避けるため郊外に移り住むこと〕が起きている。

*32　人種とは別の範疇《はんちゅう》として、ヒスパニック（ラテンアメリカ出身者）であるか否かを問う。

その後、夫の転任で引っ越したあと、わが家は二〇〇七年にモンゴメリーへ戻ってきたが、状況はたいして変わっていなかった。悲しいことに、ここ南部では偏見が根強く残っている。今回はキップが不快な思いを味わった。アラバマ州の歴史的黒人大学（ＨＢＣＵ）[*33]で博士課程の面接試験を受けるため、散髪をしにいったときのことだ。大学の近くにある床屋を何軒か回ったが、すべて断られた。もちろん、忙しいからというのがその理由だった。けれども、夫にはすぐに「白人の髪は切らない」という言外のメッセージが伝わった。こんな仕打ちには愕然《がくぜん》とさせられるし、まったく信じられない。隠しカメラを持ってもう一度行ってみようかと本気で話し合ったほどだ。

最近、アフリカ系アメリカ人の同僚がわたしのことを「オサマ・ビンラディンのいとこ」と言ってからかい、ほかのアフリカ系アメリカ人の同僚たちが笑っていたことがあった。もし自分が中東の出身だったとしても、わたし自身はそれを誇らしく思うだろう。ただ、相手の人種を笑いの種にするのは間違っている。いうまでもなく、わたしはからかった女性を連れて人事部に行き、その後、からかわれることはなくなった。職場にはアフリカ系アメリカ人の看護師が何人かいたが、人種の違う異性とデートするときには、つらい思いをしていたようだ。

こうした問題は数知れずあるものの、それでもわたしたちは公民権運動発祥の地モンゴメリーでの暮らしが気に入っている。子どもたちは、キング牧師の教会や家を訪れたことがある。そして、キング牧師があらゆる人間を心から愛し、美しい夢を抱いた気高い人物だったことも知っている。

どんな国の人も、相手の父が犯した罪に復讐しようとすべきではない。わが家では、相手に〝寛容〟であるだけでなく、どんな人種の人でもこちらから受けいれなさいと教えている。

*33　人種差別が違法となる一九六四年以前、黒人のために創立された大学の総称。現在でも南部を中心に一〇〇校ほどある。

第17章 苦難のとき

その怒りはただつかのまで、その恵みはいのちのかぎり長いからである。夜はよもすがら泣きかなしんでも、朝と共に喜びが来る。
——「詩篇」第三〇編五節

これまでの人生でいちばん恐ろしかったときのことを、わたしは今でもよく覚えている。それは二〇〇一年、セスが生後わずか五か月で手術を受けたときだ。腎臓の手術で、四、五時間も麻酔をかけられていた。わたしはひたすら待ち、祈り、願い、そしてまた祈ったが、それでもその一瞬一瞬がまるで永遠のように感じられた。もしかしたら、息子は手術を受けるには小さすぎるのではないか、手術台の上で死んでしまうのではないか、と怖くてたまらなかった。

一秒ごとに心臓が少しずつ裂けていくようだった。もちろん結果はうまくいったのだが、それでもわたしたち夫婦にとってはなんともつらい時間だった。親としてもうひとつ試練を味わったのは、二〇〇六年にロザンナがメキシコで勉強中にセルジオと出会い、恋をしたときだ。わたしは娘がまだ若すぎると思ったのだが、夫（ロマンチックな人なのだ）は、相手がほんとうに生涯の伴侶として〝ふさわしい人〟かどうか見きわめるよう娘を後押しした。若くして結婚することについては大賛成だった。自分たちも恋に落ちたときは一七歳だったではないか、と言うのだ。ふつうなら、わが娘ともなれば話は別なのだが……。しかし、夫は娘の判断を信じ、自分がセルジオに会ってみて問題がなければ、すぐ結婚するよう言いつづけた。夫は、子どもたちが心に決めたことを信頼しきっている。それが職業であろうと伴侶であろうと。

どんな親にでもこうした苦難のときはあるし、キップとわたしも例外ではなかった。病気の子につきそってひと晩じゅう起きているのがどういう気持ちか、親ならたいがい知っている。そんな夜はとりわけ長く感じられるものだ。結婚して二七年がたち、一〇人の子どもを授かったわたしたち夫婦がその間に学んだのは、朝になるまでただ神の手をしっかりと握っていれば、「これもまた過ぎ去り」、そして「朝と共に喜びが来る」ということだ。

子どもの病気もつらいが、結婚生活における悩みのほとんどは経済的な困窮から生じる。悲しいことに、お金の問題で諍《いさか》いをする夫婦は多い。もしお金がたっぷりあったら、今度の休暇にはどこへ行こうかと話し合うだろうに……。わたしたち夫婦の場合、月末に赤字になりはしないかという不安から言い争いになる。それなら、母親が外に出て稼げば万事解決するじゃないかと思われそうだが、わが家の場合は、そうするとよけいに心配事が増えかねないとわかった。わたしは、働いていないと気が咎めるうえ、家計のやりくりにも困る。かといって、働いていれば家族にじゅうぶんなことができなくて、やはり気が咎めてしまうのだ。

結婚したばかりのころ、キップとわたしは〝一文無しでも愛さえあれば〟と歌うカントリーソング「リヴィン・オン・ラブ」〔九〇年代に活躍したアラン・ジャクソンのヒット曲〕を地で行っていた。最初に暮らしたのは、アラバマ州エンタープライズにある小さなトレーラーパーク〔おもに低所得者が暮らすトレーラーハウスが何軒か集まった場所〕で、そこはフォートラッカー陸軍基地のすぐ外にあった。キップはそこのヘリコプター整備学校に通っていたのだ。わたしたちふたりにとって、当時はこのうえなく楽しい蜜月だった。やがて、カンザス州マンハッタンに引っ越し、しばらくはすべてうまくいっていたが、次第にあれやこれやと問題が起きはじめた。

相手とうまく意思疎通する必要に迫られたのは、このころだ。わたしはキップのリードに従うすべを学ばなければならなかった。わたしたちは、マクファーランドというカンザス州の小さな町にまたも引っ越した。キップは、結婚するときわたしの継父から言われた忘れがたいアドバイスを、何度となくわたしに思い出させた。「返品お断りだぞ！」。継父のその言葉はつまり、「娘はもうおまえのものなのだから、どんなに大変なことがあっても、ふたりで乗りこえなければいけない」というアドバイスなのだ。夫はそれをセルジオにも引き継ぎ、親が口出しするつもりはまったくないので、困難が生じてもふたりでどうにか解決してもらいたい、と伝えた。

けんかをするたびに〝ママのところに逃げて帰る〟ことができなかったという意味では、実家から遠い場所にいたわたしはさいわいだった。わたしたちには泣きつく相手も愚痴を言う相手もいなかったので、双方で折れ合ってうまくやる方法を探すしかなかった。思春期になった子どもには、家族のこうしたいきさつを聞かせて、ほんものの愛とはなにかを考えさせるべきだろう。ほんものの愛は苦難を経ても変わらないし、つらい経験すら価値のあるものにしてくれる。

キップがカンザス州フォートライリー軍事基地で三年に及ぶ最初の服務期間を終えると、その二か月ほどあとに二番目の子が生まれた。夫はトピカ工科大学で夜間の授業を受け、昼間は働いた。臨時やパートタイムの仕事をいくつも掛け持ちしていたので、当時どんな仕事をしていたか、わたしは覚えてさえいない。わが家の食卓に食べ物を並べるために、夫はできる仕事はなんでもした。この時期、娘たちのためにこんなにもよき稼ぎ手でありよき父親であってくれた夫に、わたしは心底惚れ直したものだ。娘三人が立てつづけに生まれたので、夫はそれを「ホップ、ステップ、ジャンプ」と言っていた。

経済的には苦しかったが、キップは神がきっと助けてくださると知っていた。そして、多くの子どもを望み、これも主が授けてくださると信じていた。男としてみずからの役目を果たすべく、毎朝早く起きて、たとえ割りに合わない仕事でも、あればなんでも引きうけた。やがて、夫は教育を受けようと決めた。大学で取得した工学の学位はそれまで使い道がなかったのだが、その後何年か通うことになる飛行訓練学校への入学にはおおいに役立った。いっぽう、わたしのほうは夫より信仰心が弱いのか、これ以上子どもを産むのは先に延ばしたいと思うようになった。セリーナを妊娠していたときは、看護助手として夜勤で働いていた。健康保険証を申請すれば、妊娠中の医療費をまかなうことができた。もうひとりかけがえのない赤ん坊が生まれてくるのはとても嬉しかったが、将来が心配だった。キップのほうは神への信頼が揺るがず、学校を終えて家族を養いつづけられるよう、神が助けてくださると信じていた。そして、妻もなんとか働きながら三人目の子を産めるはずだと確信していたのだ。

准看護師資格を得るための学校に合格したとき、わたし自身は「無理だ」とまず思った。しかし、キップのほうは、「神がうまく計らってくださる」と思った。そして、そのとおりになった。神はつねにそうしてくださるのだ。セリーナの誕生は、神が完璧なときを見計らってくださったのだが、それでも、わたしが看護学校の講習を終えるためには、生後二週間にもならない娘をベビーシッターに預けなければならなかった。つらくて心が張りさけそうになったが、わたしたちはどんなことにも耐えるつもりでいた。

看護学校での講習が終わったころ、キップが以前いたフォートトラッカーで准尉として飛行訓練を受けはじめたため、わたしは週に二日ほど働けばよい状況になった。学齢に満たない娘たちと過ごす日々は楽しかったものの、子どもは三人いればもうじゅうぶんかもしれない、とも思いはじめていた。すでに手いっぱいだったからだ。キップは飛行訓練学校をクラスいちばん（成績優秀生）で卒業した。昔、ふたりが通った公立高校では勉強に関心がなくＣばかりだったことを思えば、実に大きな変化だ。卒業後、キップはカンザス州立大学のサライナキャンパスで準学士号を取得することになった。ちょうどそのころ、わたしたちは長女のハンナにワークブックを何冊か買い、本格的な授業を始めていた。わが家の隣にある介護施設で、わたしが三時から夜一一時まで勤務をしているあいだ、夫はハンナを楽しませようと、微積分の宿題を一緒に解いていた。ハンナが数学に目覚めたのはこのときだ。

理系準学士号を取得すると、キップはふたたびあちらこちらで働くようになった。わたしたちが暮らしていたカンザス州のいなかには、働く場があまりなかった。このころ、わたしはまだ、さまざまな不安を退けてでもホームスクーリングに踏み切る決心がつかずにいた。最後の最後まで迷った結果、ハンナを私立学校に入れ、わたし自身は昼間に自宅で保育の仕事をし、週末は看護師として働いた。わが家はふたりの給料でやっと食いつないでいた。たしかにきびしい日々ではあったが、状況は少しずつよくなっていくはずだとつねに思っていた。わたしが働かなくてよくなり、ホームスクーリングを始められる日が早く来てほしい、と願うばかりだった。

上の娘たちが私立学校に通っているあいだ、わたしはホームスクーリングができないことを心苦しく感じていた。ホームスクーリングを阻んでいたのは、経済的問題だった。当時暮らしていたカンザス州の冬は、カリフォルニア生まれのわたしたちにとってはこたえたし、トルネード警報のサイレンが鳴るたびに自宅の地下室に避難する生活にも、慣れることはできなかった。地元の教会や友人たちは大好きだったが、そろそろ新たな冒険に踏み出したいという思いが強くなっていた。

　軍人家族としての生活は快適で、任地が代わるたびに新しい友人ができるのも楽しかった。キップもわたしも、あちこちへ引っ越すストレスに耐えなければならなかったが、子どもたちはその種のわずらわしさを感じずにすんだ。引っ越すときは〝クラスメート〟全員が一緒なのだから。それに、どこへ移っても自分たちの先生がだれになるかわかっていた。わたしだ！　ホームスクーリングが軍人家族にうってつけだと思う理由のひとつがそこにある。頻繁に引っ越すことを余儀なくされる家族であれば、ホームスクーリングを試みてもだれも文句は言わないだろう。ホームスクーリング希望者からの相談を受けていてわかったのは、どれほど強く反対してくる姑でも、幼き〝遊牧民たち〟にとってそのほうがいいとわかれば、賛成してくれるということだ。

　キップは以前から、失敗を恐れてはいけないと言っていた。わが家では、なにか計画が持ち上がるたびに夕食の席でみんなに訊ねる。「これをしてみたとして、起こりえる最悪の結果はなんだろう？」。口に出してそう訊ねてみるといつも、「どんなに悪いことが起きたとしても、世界が終わるわけではない」という結論にいたり、食前の祈りに続いてもう一度お祈りをしたあと、たいがいはその計画を進めることになるのだ。お祈りをして前に進むというプロセスが、いつしかわが家のやりかたになった。

　子どもたちには、つねに感覚をとぎすましておくよう教えている。そうしていれば、神の声を聴きとって恐れず行動できるからだ。聖書には、〝ぬるま湯から一歩踏み出して神を信じよ〟という意味の教えがある。新たな挑戦に尻込みしてはいけないのだ。ときには、ことがうまく運ばず、神に扉を閉ざされてしまう場合もあるだろう。それでもかまわない。次に進んでほかのことを試みていれば、そのうちうまくいく。子どもたちには、失敗を怖れずに育ってもらいたい。

とはいえ、子どもたちが順々に大学への入学願書を出すたび、わたしは心配になる。「はたして、この子はやっていけるのだろうか」という懸念が湧いてくるのだ。しかし、そういう不安は子どもにいっさい見せないよう注意しなければならない。夫のほうは、子どもたちの応援団長だ。父親にはっぱをかけられると、どの子もたちまち張りきる。そして、自分には大学で学ぶ権利があることを自覚するようになる。わが子たちはつねに母親の期待を超えてくれるというのに、なぜわたしは不安になってしまうのだろう。もしかしたら、母親というものは、わが子がいつまでも幼く頼りない存在に思えるのかもしれない。それでも、初めての授業を首尾よく終えてきた子が目を輝かせているのを見たとたん、そんな不安も消え去る。ここまではまずまず順調。神に感謝しよう。試験の最中に倒れてしまった子はひとりもいない。

二〇一三年現在、わたしたちが向き合っている課題は、キースが一五歳で音楽学の学位を取ったあとどうするかということだ。本人は大学院に行きたがっている。わたしたちは地元の大学院を探してみたが、問題がいくつかあるようだ。ほかに、自分でビジネスを始める道がないかも調べている。キースは映画音楽を作曲したいらしい。親としては、あまり早いうちから家を離れてほしくはない。幸運にも、今はほかの州で暮らすきょうだいがいる。キースが候補に考えているのはワシントンD・C近辺で、そこにはセリーナがいるし、ニューヨークにはロザンナがいる。正直に言えば、キースにはできるだけ長く家にいてもらいたいのだが、それでも、もし主が扉をお開きになり、姉と一緒に暮らせるのであれば、考えてみてもいいかもしれない。〝かもしれない〟と言うのは、そのときになれば主は必ずや、はっきりと道を示してわたしたちを安心させてくださると思うからだ。

現在、七番目の子（カトリーナ）が大学入学に向けて準備をしているところだが、わたしたちは、子どもがホームスクーリングを経て、大学でパートタイムの受講生となり、そのあと正規の大学生になって（学問的に）自立するまで手を貸すことに喜びを感じている。いつもながら、苦しい試練は経済的な問題から生じるようだ。この夏にもまた、家計のきびしさに阻まれて、キースとセスが授業を受けられなくなった。これまで、子どもたちが早期に大学に入学できたのは、一年を通して休みなく勉強してきたからでもあり、それは大学に入ってからも同じだった。今、キースは最後の二学期ぶんで、必要な単位をすべて取り、予定どおりに卒業しようとしている。もちろん、親としてはそんなことをさせたくなかったのだが、頼もしいことに、本人は進んで勉強に打ち込んでいる。

キースは高校の課程を終えるとき、ひとりで勉強していた。最後の一年間、わたしは三時から一一時までの勤務をしなければならなかった。キースは一生懸命に勉強したのだが、それでもふたつの科目がBになってしまったのは、わたしがいつもそばにいて教材の内容を一〇〇パーセント理解しているか、確かめられなかったせいだ。ホームスクーリングで学ぶ子なら、すべてAを取れる場合がほとんどなのに、キースはふたつBを取ってしまったのだが、それは本人のせいではない。悲しいことに、これも家計を補うため母親が家をあけたのが原因であり、ヒース自身はできるかぎりの努力をしたのだ。最近では、学期が終わるたび成績優秀者のリストに載るところをみると、当時の〝傷〟が残ることはなかったようで、ありがたい。家計の苦しかった時期のせいでそんな影響が残ってしまうとしたら、どうにもやりきれない。幸運にも、大学にはチュータリング・センターというものがあり、そこでは学生たちに必要なことをなんでも手助けしてもらえる。わが子たちもセンターをよく利用してきたし、とても世話になったと感謝している。

ホームスクーリングの相談に乗っているとき、わたしたちは〝お役御免になるまでは自身の手でとことん教える〟ことの大切さを強調するようにしている。子どもはやがて親をしのいでいくので、学ばせつづけるには大学へ行かせるしかない。しかし、それまでは子どものそばにいて、質問に一〇〇パーセント答えることで、本人が選んだ教材を一〇〇パーセント理解させ、すべてAを取らせるようにしたい。それこそ、ホームスクーリングの賜物なのだから。理想的な環境のもとでそれができれば、わが子は最高の教育を受けることができるし、たとえ困難が生じたとき（たとえば、病気や失業、軍での転任、子どもの誕生、引っ越し、老親の介護など）でも、子どもが自分の力で勉強できるようになっていれば、少なくともBは取れるはずだ。

わが家にとってもうひとつ大変だったのは、子どもたちの送り迎えだ。おそらく、どこの家庭でも同じ問題を抱えているに違いない。さいわい、下の子たちは大学や仕事に出かける子たちより遅くまで眠っている。ふだんは、大きな子がだれかしら家にいて下の子たちを見ていてくれるので、大学に行く子を授業時間までに送り届ける際、わたしは小さな子たちを車に乗せて連れまわさなくてすむ。大学まで迎えにいくときは、下の子たち全員を車に乗せなければならないのだが、それはたいてい午後だ。通常、子どもたちはいつでも出発できるよう、自分のバックパックを車のなかに置いているので、車中で本を読んだり日記を書いたりして、勉強時間を埋め合わせることができる。だれかが赤ん坊の面倒を見られる年齢や、運転できる年齢になるたびに、車の積載量は少しずつ減っていく。たしかに、子どもの数が多ければ多いほど、送り迎えは煩雑になる。けれども、そうこうしているうちに、手助けしてくれる子も増えてくるのだ。

夫は表計算ソフトのエクセルで色分けしたスケジュール表を、玄関扉の内側に貼らせておくのが好きだ。そこには子どもたちの時間割がまとめて載っているので、各自がその日なにをすべきか、そして、何時にだれがどこにいるかがひと目でわかる。エクセルが好きな夫に言わせると、子どもたちが協力して時間割を作ることで、今なにがどうなっているかを全員が把握できるようになる。色分けされたスケジュール表は、日々を乗りきろうと奮闘する親にとってまことに効果的であり、そのうえ、わたしたちがいつも念頭に置いている「ひとりも置き去りにしない」という言葉を、目に見える形にしてくれるのだ。

今がどんなに大変でも、いつかは帳尻が合ってもっと楽になるはずだ、とわたしはつねづね自分自身に言い聞かせている。希望があるからこそ、てんやわんやの日々を乗りきることができるのだ。

今日、この文章を書いていたあいだにも、多くの邪魔が入ったり、用事で走りまわったりしたため、本の締め切りに間に合わせるのは大変だった。二〇〇七年、わたしたちはある雑誌に文章を書きはじめたのだが、それは〝あいた時間〟に書いていたもので、どちらかといえば趣味のようなものだった。それをメールで送り、自分たち家族の話に興味を持ってくれる人が実際にいることがわかると、わが家の最新情報をみんなに知ってもらいたくて、またいくらか書いた。やがて、「トゥデイ」〔アメリカNBCテレビの朝の情報番組〕でわが家のことが取りあげられたあと、わたしたちはサイモン&シュスター社と出版契約を結んだ。〝きちんとした〟本を出す、という夢がかなうことになったのだ。今日、わたしとしては、じっくり腰を落ちつけて書きたかったのだが、実際は朝五時に起き、一時間かけて通勤する夫を送り出し、ホームスクーリングの電話相談を受けて、「息子を家で教育したいが、なかなか難しい」というシングルマザーにアドバイスをし、一日目の授業を受けるヒースを車で送っていき、今日の授業で使う教科書を買えるよう、わたしのペイパル〔インターネットを利用した決済サービス〕カードを渡し（ありがたいことに、さきほどの電話相談料が振り込まれていた）、家計をどうやりくりするか思案した。

ある日、セリーナがなにか必要なものを買いたいと言ったとき、代金を工面してやれずに謝ったことがある。娘はそのとき、お金がないとみじめな気分になる、と言った。わが家には、経済的に甘やかされて育った子はひとりもいない。もちろん、食事を欠かすようなことはないし、ときには豆とお米だけの場合もあるにせよ（栄養的には問題ないが、夫は飲み込むのがちょっとつらそうだ）、それでもありがたいと思っている。子どもたちにはこんなふうに言い聞かせたこともある。買い物をするときに、デビットカード〔預金口座から即時に引き落とされるカード〕が残金不足で拒絶されるくらいの経験はしておかないとね！ そのときは冗談のつもりだったが、家計の苦しさについて考えると、セリーナの気持ちはよくわかった。みじめな思いを何度も味わっていると、自尊心を保てなくなるのだ。

「子どもをどう教育するか」というのは永遠の課題だ。政治家や教育家は、年間授業時間を増やし、理数系の授業に力を入れ、コンピュータなどのテクノロジーを教室に導入し、テストの回数を多くし、教員に必要な資格の数を増やして、芸術にかけるお金は減らそうとする。こういうことになるのも、もともとはできるだけよい大人に育てようとしながら、実際は古代ギリシャの徳と知恵を備えた人間ではなく、社会の歯車として有能な人間を育てているだけだからだ。これでは、魂がないがしろにされてしまう。

――トマス・ムーア［*34］

*34 アメリカの作家・心理療法家。カトリックの修道僧として一二年間の僧院生活を送る。

「母親から見たサンダーの世界」

（サンダー三歳・二〇一三年）

ホームスクーリングが好きかどうかサンダーに尋ねると、「好きじゃないよ。ママと一緒にいたいから」という答えが返ってきた。どうやら、質問の意味がわからなかったようだ。答えたあと、息子はわたしの膝に飛び乗ってきておっぱいを吸いたいとせがんだ。そう、息子は三歳半なのにまだおっぱいを吸っている。もちろん、それは栄養のためではなく、気持ちを落ちつけるために。気持ちを落ちつけたくなるのは、眠いときや、転んで膝をすりむいたときや、悪さをして謝りたいときだ。わたしは、『タイム』誌の表紙で、母親が学齢前の子におっぱいを吸わせている写真を見たときから、家にいるあいだはサンダーがおっぱいを吸ってもいいことにした。周囲から見れば、大きな子がおっぱいを吸っているのはちょっと奇異に思えるだろう。アメリカ人には理解しがたいからだ。しかし、〝密着育児〟で育てれば〝密着しすぎない〟子になる。これも〝温室効果〟のひとつだとわたしたちは思っている。つまり、幼いうちは親子べったりでいたほうが、子どもは安心して育つのだ。わが家では、いつ乳離れをさせるべきか、いつ夫婦の寝室から子ども部屋に移すべきかで悩むことはない。勉強を教えるときと同じで、ひとりでできそうだと本人が思ったときにそうさせる。

サンダーは、ほぼすべての時間わたしと一緒にいるので、こちらは息子の質問すべてに答えを返せる。子どもはだれでもそうだが、サンダーも好奇心でいっぱいだ。だから、わたしは息子がこしらえた妙な文章を訂正し、なぜこれはこうなのか、なぜそれはそうなのかを説明する。なぜ、なぜ、なぜ？　わたしはこの言葉が大好きだ。たとえ、教えられた答えをすべて理解できていないとしても、彼の頭のなかの小さな歯車が回っているのは見てとれる。それがなにより大事だ。上の子たちも喜んでサンダーの相手をする。つい先日、サンダーが〝クマのプーさん〟の衣装を着て補助椅子に座り、シリアルの〝チェリオス〟にはちみつを混ぜて食べながら、「プーさんはクリスチャンなの？」ときょうだいに訊いていた。すると、その言いかたがおかしくてクスクス笑う声が聞こえてきたあと、ヒースがこう答えた。「プーさんはたぶんイギリス生まれだから英国国教会派だね」。そして、セスが考え深げに言った。「プーさんはもちろんクリスチャンだよ。なにしろ、プーさんはただのクマだから、神によって創造されたのだし、結局は天国へ行くんだからね。そうでしょ？」。するとカトリーナが、「一〇〇エーカーの森に棲《す》む〝ラビット〟はすごくいじわるだからきっと異教徒ね」と口をはさみ、ほかの子が、「プーの親友の〝ピグレット〟はとってもやさしいから『柔和な人たちは地を受けつぐ』〔「マタイによる福音書」第五章五節より〕ことになるんだ」と言った。そして、子どもたちは、森の仲間である〝ティガー〟に被害妄想という診断を下そうとして、たぶんセラピーが必要だろうという結論になった。

　とにもかくにも、わが家の子どもたちはみなで過ごすのが好きで、自分に九人のきょうだいがいるのを喜んでくれる愛すべき子たちなのだ。一〇番目の子であるサンダーはおおぜいに見守られて育つので、もしかしたら、大きくなったときになにか危険なことをしたがるかもしれない。たとえば、スカイダイビングをしたり、サンダーバーズ（米空軍のアクロバット飛行隊）に入隊して空を飛んだりというような……。家のなかで起きるあらゆることを観察し、勉強に喜んで手を貸してくれるたくさんのきょうだいに囲まれて、サンダーは育っていく。

第18章 教えることはわくわくすること

このように、わたしたちは与えられた恵みによって、それぞれ異なった賜物を持っているので、もし、それが預言であれば、信仰の程度に応じて預言をし、奉仕であれば奉仕をし、また教える者であれば教えるべきである。

——「ローマ人への手紙」第一二章六節～七節

教育の専門家たちは、子どもの学習に科学的な裏づけを与えようとして、さまざまな用語や理論を駆使している。そういう理論は、ウィキペディアでちょっと検索しただけでもたくさん見つかる。ところで、ウィキペディアというのは、なんの資格もない人でも投稿できるので、大学教授にとっては悪夢のようなウェブサイトだ。いったい世の中はどうなっていくことやら！ わが家ではこのサイトを、〝自由思想〟の場と捉えている。いずれにせよ、検索すれば際限がないもののの、たとえばこんな用語が出てくる。「古典的条件づけ」「オペラント条件づけ」「変形学習」「構成主義」「多重知能」「マルチメディア学習」「学習スタイル理論」「教授理論」「結合主義《コネクティビズム》」「認知的再構成」。効率的に学ばせるための理論は枚挙にいとまがないため、てんでばらばらのそうした頭脳活性法に、親も教師も翻弄されかねない。

煎じ詰めれば、ごく平均的な子どもが勉強する場合になにが重要か、ということだ。子どもはなにかに興味を持っていれば、必ずそこへ戻ってくる。だから、親の決めたものではなく、子ども自身が決めたものに関心を向けさせておこう。たとえば、ビデオゲームが好きな男の子なら、ゲームを学習に結びつければいい。五分間に悪者を何人殺せるかを数えさせてはいけない。そんなのは実に危険だ！　もっと建設的なことをしよう。「何人の人を救助できる？」「キャラクターに何回ジャンプさせれば、このレベルを終えられる？」「統計学を知っていればゲームに役立つのはなぜ？」「このゲームで別の遊びかたをするとしたら？」「あなたの最高得点は何点？」「平均値は？」「中央値は？」「最頻値は？」〔三つとも統計学の用語〕「ゲームで〝レベルアップ〟する方法を、実生活に応用するにはどうすればいい？」。こんなふうに、親や教育者としては、〝千里の道も一歩から〟始めるしかないのだ。

統計学の用語は時間がたてば忘れてしまうだろうが、子どもと一緒にインターネットで調べてみるのはおもしろいかもしれない。そうしているうちに、子どもの関心の的がわかるはずだ。一緒になにかをやりとげる方法もわかるようになる。たとえば、ウサギの足跡を一緒に追っていくにしても、あらかじめ決めておいた目的に沿うようにすれば、意味のあるものになる。簡単な目標をいくつか設定しておくと、楽しく学ぶことができるのだ。なにがほんとうに大事かを心にとめておくのは、立派な学習方法だといえる。

インターネットを開けば、ヴィクトリアズ・シークレット〔カリフォルニア生まれのブランドで、女性下着や水着、化粧品などを扱っている〕のセクシーな下着でさえ、子どもは見放題だ。しかし、子どもには、人生で成功するためのほんとうの秘訣《シークレット》は、誘惑を退けることだと教えたほうがいい。

恰好の例をひとつ挙げよう。ジム・ボブとミシェルのダガー夫妻〔*35〕の子どもたちは、肌をあらわにした女性が近づいてくると、男のきょうだいたちに向かって〝ナイキ〟という合言葉を叫ぶ。すると、彼らは女性が通りすぎるまで靴に目を落としているという。そうした慎みは知性のあらわれであり、そのおかげでダガー家の子どもたちはきっと健やかに育っていくはずだ。わが家も、インターネットを使うときに同じようなやりかたをする。わたしがよく使うのは〝PUMA《プーマ》〟で、これは「子どもにふさわしくないことがら」の頭文字を取った略語だ。だれかがインターネットで調べものをしている最中にわたしが〝プーマ〟と言ったら、それはほかの画面に変えなさいという合図だ。プーマはスポーツシューズならかっこいいが、インターネットでは御法度《ごはっと》なのである。合図にする略語をどこかから拝借したり、たとえば〝WWJD〟などと自分で考え出したりして、それをポストイットに書き、子どものパソコンや鏡に貼っておく手もある。そうすれば、子どもがどんな服を着ようか、どんなサイトを見ようか、あるいは見るのをやめようか迷ったときに思い出せるだろうから。ここでも強調しておきたいのだが、わが子の人格形成に手を貸すことは、親としてなにより大事な義務であり、国やほかの大人にゆだねることはできない。

親はなんとか本を読ませたいのに、子どもは木に登りたがるようなときは、あきらめて妥協しよう。「わかったわ。木の上で本を読むなら登ってもいいわよ。でも、あんまり高くまでは登らないで！」。「ショッピングモールでスケートをしたいの？　わかったわ。でも、その前にいくつかグーグルで調べて、ママに教えてちょうだい。転ばないための正しい滑りかた、ウインタースポーツで年間どれくらいのけが人が出るか、スケート選手が回転するときに頭と腕を縮こめると速く回れるのは、どういう物理的要因が働いているのか。それを全部ママに説明して、スケート場でやってみせてね」

幼い子にものを教える醍醐味は、子どもにとってほぼすべてが初めてだという点にある。初め

＊35　一九人の子を持つ夫婦。ダガー家はアメリカでは有名な大家族で、子どもたちをホームスクーリングで育てている。

てだからわくわくするのだ。子どもたちの瞳は、きらきらして愛らしい。わが家の子たちは、アイスクリームのためならどんな用事でもしてくれるし、映画に行けるとなれば、どんな勉強でもこなしてしまう。これでも、よその子とそんなに違うだろうか？　わたしはそうは思わない。「ところで、アイスクリームってどうやって作っているのかな。だれかインターネットで調べてくれる？」。そして、店に向かう車中ではこんなことも訊ねてみる。「ハリウッドの俳優はどれくらい稼いでいるでしょう？　いちばん早く答えられる人はだれ？」。「ダニー・デヴィート〔アメリカの俳優・映画監督。小柄ながら個性的な役柄で人気がある〕は、オーディションに合格してから名優になるまでに、どれほど一生懸命働いたのかしら？」。「みなが需要と供給の原則にもとづいて暮らしていることを考えれば、豊かな生活をするにはどれくらい働かなくてはいけないと思う？」。努力を実らせるには才能や人とのつながりも大事だが、なにより欠かせないのは根気と祈りであることを、子どもには説明しておきたいと思う。

ホームスクーリングで育った子が、たとえば全国規模のファストフード・チェーン、〝チックフィレイ〟のような企業で、売上に大きな貢献をしつづけているのはなぜなのか。『HRマガジン』を発行しているアメリカ人事管理協会では、このところホームスクール出身者に注目している。この雑誌の調査によると、ホームスクール出身者を採用したことのある雇用者は、たいがい彼らをベタ褒めするという。〝チックフィレイ〟はホームスクール育ちの従業員にとても満足し、積極的に採用しているそうだ。チックフィレイの店頭で働く三万人の採用にかかわっているアンディ・ローレンツェンによれば、ホームスクール出身者は独特の能力を持っているという。「みな仕事の手際がよく、意欲的で前向きだ」とローレンツェンは言う。「それに誠実で勤勉で、労働を尊ぶ意識もきちんと持っている」

ホームスクール出身者は、枠にとらわれないやりかたで会社の業績を向上させる。カウンターのあちら側にいるのがホームスクーリング出身者だとしたら、もしかしたら、その人は医学部進学課程の学生だったり、仕事のほかにすごいことをいくつも手がけていたりするかもしれないし、それはホームスクールでの教育や、そこで培った明確な目的意識のおかげなのだ。ウォール街の証券会社も、どの企業が積極的にホームスクール出身者を採用しているかを調べたほうがいいかもしれない。

ホームスクーリング現象は、いまや津波のように国土を席捲《せっけん》しつつあり、わたしたちはその先頭の波に乗っているのだ。

「わたしはこんな医師になりたい」

医学生時代のセリーナ・ハーディング（二〇一二年）

わたしは将来、こんな医師になりたいと思っている。診察室の外でも病人を看病したり、電話で長時間、患者の相談に応じたりするような医師になりたい。必要なときには、たとえ無報酬でも、患者のために自分の時間と技術をささげる医師になりたい。力を尽くして働き、みずから交わした約束をすべて実行できる医師になりたい。誠実で、どこにいてもつねに同じ自分であり、だれに見られていてもすべきことをする医師でありたい。部屋にある椅子は患者やその家族に勧め、自分はゴミ入れの缶に座るような医師でありたい。後輩の学生たちを見守り、持っている知識のすべて、あるいはそれ以上のことを教えられる医師になりたい。搬送不能な患者を診るため、みずから飛行機に飛び乗って外国に行くような医師になりたい。患者以前に家族のために、家族以前に神のために時間を割ける医師になりたい。患者が痛がって泣いているときにも、嬉しくて泣いているときにも、一緒になって涙するような医師になりたい。

第19章　わが家の話が本になるまで

するとと、王は答えて言うであろう、「あなたがたによく言っておく。わたしの兄弟であるこれらの最も小さい者のひとりにしたのは、すなわち、わたしにしたのである」

——「マタイによる福音書」第二五章四〇節

本書が終わりに近づいてきたこのあたりで、メディアへの出演について少し話しておきたい。わが家がメディアに取りあげられたおかげで、出版エージェントから連絡があり、わたしたち家族の話が本という形にまとまることになったのだ。

二〇〇八年にセリーナが一七歳で大学を卒業したとき、そのことが地方紙に小さく取りあげられた。けれども、その後ヒースが二〇一一年に一五歳で卒業したときには、どこの新聞にも載らなかった。というのも、その年、トルネードがわが州に甚大な被害をもたらしたため、被災した卒業生のほうに大学側がメディアの取材を集中させたからだ。

二〇一三年にセリーナが二二歳でメディカルスクールを卒業したとき、いろいろと調べた結果、どうやらアメリカで最年少の女医になりそうだとわかったので、わたしはセリーナの写真に簡単な経歴を添えて、いくつかの雑誌と地方の放送局に送った。調べてみると、ロザンナもアメリカ建築家協会（AIA）最年少の会員であることがわかった。

二〇一三年の春、ついにNBCの番組「トゥデイ」のプロデューサーから電話がかかってきた。わが家の話に興味を持ったというのだ。電話で長時間のインタビューを受けたあと、「アメリカン・ストーリー」というコーナーを担当するボブ・ドットソンの承認が下りれば、一、二週間のうちにまた連絡すると言われた。やがてNBCから連絡があり、翌週わが家へ撮影に来る予定だという。そのころ、わたしは看護師としての働き口を見つけたばかりだった。放送局にはすぐさま承諾の返事をし、新しい職場の上司に電話をして、カメラクルーがわが家に来るので、働きはじめるのを一週間延ばしてくれるよう頼んだ。

三日間に及ぶ撮影は、ことのほか楽しかった。テレビ番組の撮影がどんなふうに行なわれるのか、わたしたち家族は多くのことを学んだ。息子たちは、カメラクルーが大学のキャンパスに一日同行取材に来たのがおもしろかったようだ。うちの子たちと一緒に、ホームスクール仲間の友だちが何人か、セスの作った中世の小道具を持って裏庭で遊んでいる場面も撮影された。

カメラクルーが帰ってしまうと、再びてんてこ舞いの日々が戻ってきた。わたしはまた看護師の仕事を始め、ホームスクーリングと仕事の両方をこなそうと奮闘した。ありがたいことに、今回はハンナがいてくれるので、下の子たちの勉強を見てもらえた。ハンナの仕事はパートタイムだったからだ。とりわけ忙しい日には、ふたりでタッグを組むレスラーのような気分になった。わたしが仕事から帰ってきて、ハンナが仕事に出かけていくとき、ふたりはよく交代のタッチを交わした。今までもそうだったように、なんとかうまく乗りきる方法を見つけるしかないのだ。これは幸運といってよいのかどうかわからないが、ちょうどこのころ、キースとセスはわが家の家計のせいで夏期授業が受けられなかったため、わたしが仕事に行っているあいだ、ハンナの手助けをして下の子たちの勉強を見てやることができた。

　二〇一三年の四月に「トゥデイ」でわが家のことが放映されると、Eメールが次々と舞い込みはじめた。ラジオや雑誌やポッドキャスト〔インターネットで視聴するテレビやラジオ〕からインタビューの依頼がいくつも来た。そして、リアリティ番組のエージェントやアメリカの出版エージェント、中国の出版エージェントからも連絡をもらった。あるソフトウェア開発会社からは、わが家の教育方法を〝キックスターター〟[*36]で商品化してはどうかともちかけられた。その後、わたしたちはアメリカ国内とギリシャのホームスクーリング集会にも、何か所か招かれて講演に出かけた。

　それからも電話は鳴りつづけ、テレビ番組のプロデューサーや雑誌の編集者から、もっと詳しい話を聞かせてほしいと頼まれた。レイチェル・レイ〔アメリカの人気料理家。トーク番組の司会を務める〕の番組、クイーン・

ラティファ〔アメリカの女優・歌手。トーク番組の司会を務めていた〕の番組、オーストラリアの報道番組「シックスティ・ミニッツ」、そして「フォックス＆フレンズ」〔アメリカのニュース専門放送局FOXテレビの番組〕、雑誌の『ピープル』とタブロイド紙『ナショナル・エンクワイアラー』。まるで、夢を見ているようだった。連絡をくれた人たちには、ひとり残らずわが家のことを伝えたかった。そこで、Eメールからわが家のウェブサイトとウェブマガジンに飛べるようにして、必要な情報をそこで入手してもらうことにした。大事な質問すべてに答えるには、その方法しかなかったのだ。わが子のために情報を求めている人はおおぜいいた。ひとりひとりの質問にきちんと答えたかったが、こっちは夫とわたししかいない。ふたりとも働いていて、わたしはオンラインで大学の授業をふたつ受けていた。夫のほうは、アラバマ州立大学で博士論文に取り組んでいる最中だった（わたしとしては、できればわが家の教育相談を、教育学博士号の論文として大学に認めてもらいたいくらいだった。博士論文よりもこちらのほうが、よほど多くの人生に影響を与えるのだから）。

　わたしたちは、何日もかけてたくさんのEメールに返事を出し、電話での質問に答えた。それから何週間もたったころ、ウェブマガジンがよく売れたため、わたしは仕事の時間を減らすことにした。そして、電話での教育相談に多くの時間を使うようになった。その後、仕事を辞めて家に戻れたおかげで、卒業式を控えたセリーナをバーミングハムまで迎えにいって、アパートを引き払う手伝いをするのにちょうど間に合った。娘はその地で、メディカルスクールの課程としてローテーション形式の臨床実習を行なっていたのだ。セリーナの荷物をすべてわが家のガレージに詰め込むと、わたしたちは卒業式が行なわれるアトランタへ向かった。

卒業式は、家族や友人たちに囲まれた盛大な祝いの場となった。そこには、新聞記者やカメラマンも来ていた。セリーナは授与されたばかりの海軍大尉（O‐3）の階級章をつけていた。わたしたちは車でモンゴメリーへ帰り、二、三のテレビ局や新聞社からインタビューを受けた。ヒースのほうは、トロイ大学の修士号を一七歳で取得し、修了式では温かいスタンディングオベーションを受けた。子どもたちが、神の手助けとホームスクーリングで育ったことへの感謝を口にしているのを聞くと、わたしは母親として嬉しくてたまらなかった。翌日は全員で洗濯をし、セリーナの車のオイルを交換してから、荷物を積み込んでニューヨークへ向かった。

「フォックス&フレンズ」への出演はすばらしい経験だった。ステージでマイケル・ボルトンが歌う場面を目にし、夫はコメンテーターのジェラルド・リベラが廊下を歩いているのを生《なま》で見た。スタジオでのインタビューが終わり、夫のiPhoneでEメールを確認すると、依頼がいくつも届いていた。本の出版依頼、教育相談の依頼、全般的な情報を知りたいという依頼。そして、ふたたび電話が鳴りはじめた。仕方なくそれをマナーモードにして、わたしたちは文字どおり道

＊36　創造性のあるプロジェクトを対象に、クラウドファンディングによる資金調達を手配する民間営利企業。

をひとつ横切り、サイモン＆シュスター社の担当編集者と、本づくりを手伝ってくれるスタッフ全員に会いにいった。そのあと、ニューヨークでいちばんおいしいピザをごちそうになったときは、なんだか自分たちが特別な存在のように思えたものだ。ランチのあとふたたびｉＰｈｏｎｅを見てみると、わが家の情報がたちまち拡がったのがわかり、ぞくぞくする感じを味わった。セントラルパークへ行くと、公園を歩いている人から、今朝ＦＯＸテレビで見たよ、と声をかけられた。たった一五分間だけ脚光を浴びたロックスターの気分だ。まさしくそれは、ほんのひとときの喜びだった。

「レイチェル・レイ」のプロデューサーからは、それきり連絡なし。オーストラリアの「シックスティ・ミニッツ」は、わが家への興味を失った。うまくいったものもあれば、うまくいかなかったものもある。けれども、人生とはそういうものだし、わたしたち家族はあのひとときを心から楽しんだ。神はみずからのやさしさをご自身のタイミングで示される。わが家の子どもたちにとっては、とびきり幸せな時間だったのだ。わたしのほうは数週間後、ニューヨーク州から、赤信号でワゴン車を走らせていたことを示す拡大写真を受けとる羽目になった。その結果、子どもたちは「同調圧力に負けて、前を走る車列に追いつこうとしてはいけません」というホームスクーリングの番外編授業を受けることができた。ニューヨークにいたるまでにわたしたちが味わってきたさまざまな苦難も、そこに身を置いていた格別なひとときに比べれば、ものの数ではなかった。

第20章 ひとりの母親として贈る励ましの言葉

見よ、子供たちは神から賜わった嗣業であり、胎の実は報いの賜物である。壮年の時の子供は勇士の手にある矢のようだ。矢の満ちた矢筒を持つ人はさいわいである。彼は門で敵と物言うとき恥じることはない。

――「詩篇」第一二七編三節～五節

「いいか、きちんと髪をとかすんだぞ。それから、シャツをズボンのなかに入れてベルトを締めなさい」

これは、土曜日の朝早くにわたしが目覚めたとき、聞こえてきた夫の言葉である。地域のボランティア・プロジェクトに出かける準備をしているセスに、夫がこまごまと指示していたのだ。

このプロジェクトは、ハンティンドン大学の〝ビッグ・レッド・ウィーク〟と呼ばれる新入生向けオリエンテーションの一環だ。セスはすでに大学生として三学期ぶんの授業を経験しているというのに、そのふるまいはどこにでもいる一二歳の少年となんら変わりがない。

年端のいかない子が、どうやって大学生活に順応できるのか、とよく訊かれる。意外にも、学業の面で問題が生じることはあまりない。むしろ、精神的に成熟させるほうが手こずる。たとえば、その場にふさわしい服装――はやりの破れたジーンズのようにカジュアルすぎもせず、かといってやぼったすぎもせず――をすること。上品で控えめでこざっぱりした恰好をしていれば、教授や指導教員から一人前に見てもらえるからだ。いつも口をすっぱくして言っているのは、洗濯物を溜めないで自分で洗濯機にかけ、乾燥が終わったらすぐに取り出して干しなさいということだ。さもないと、アイロンかけというよけいな仕事が増えてしまうよ、と。それに、寝室がおおまかにでも片づけてあれば、どこになにがあるかわかるので、iPadや身分証明書や電卓や運転免許証を探さなくてすむ、ということも言って聞かせる。仮免許証が見つからないために学校まで車で行けなかったり、財布が見つからないためにわたしがデビットカードを貸さなければならなかったりすることが何回もあるからだ。そんな騒動は、もし子どもたちが中学校や高校に通っていたとしても、同じように起きていたに違いない。

〝一二歳の大学生〟は、怠りなく努力してこそ、周囲の信頼を得ることができる。親の希望としては、車を運転できる年齢になり、やがて自立する年齢になるまでには、髪をとかせとか歯を磨けとか言われなくてすむようになってもらいたい。

いわゆる〝天才児〟が、一〇歳や一一歳というきわめて低い年齢で大学を卒業した例は、だれでも耳にしたことがあるだろう。そのような体験談はたしかに興味深い。しかし、そういう子は往々にして親が外国人だったり、大学教授だったり、本人がひとりっ子だったりするものだ。それがわかったとたん、だれもがその体験談から目をそむけ、わが子にも同じことができるなどとは考えもしなくなる。もちろん、わが子が聡明で、学業成績平均値（GPA）は最高値の四・〇という場合もあるだろうが、それでも、そんなに低い年齢で大学を卒業するというのは考えにくい。

そういうわけで、ここからは、どうすれば平均的な子どもが一二歳や、さらには一一歳で大学に入学できるか、という実際的なアドバイスをしてみたい。わが家の子どもたちは、平均的なIQの平均的な知能しか持っていないし、SATやACTの点数も平均的で、天才児などひとりもいない。ただ、ひたむきに勉強しただけだ。あえてわが家の〝秘訣〟を挙げるとしたら、こんなふうになる。

◎できれば、ホームスクーリングで子どもを育てる。たとえ名門の私立学校であろうと、ホームスクーリングほどの成果は望めない。

◎字の読みかたは四歳か五歳で教えはじめる。
◎本をたくさん読ませる。内容は、楽しくて子どもが興味を持てるものを選ぶ。退屈なものはよくない。
◎子どもがみずから進んで読む本があるなら、その内容について親子で頻繁に会話し、同じ分野の本をどんどん与えていく（こちらから提供したい話題があればそれでもよい）。
◎基礎的な算数には毎日取り組ませ、すでにわかっているところは飛ばして進度を上げる。代数学基礎および代数学は、八歳か九歳までに始める。子どもは、数学の公式を覚えながら新しい概念を学んでいくものだ（だから、たとえば七×八でつまずいても、そこでとどまらせてはいけない）。
◎文章は毎日書かせる。子どもが書いたものに赤を入れながら、親は字の綴りかたや文法の規則を説明し、わからない言葉の定義を子どもと話し合う。そのうえで、必要な個所をすべて訂正した文章に書き直させる。最初は、好きな本のなかの文章を書き写してもかまわない（聖書の「詩篇」を写せば人格形成にも役立つ）。そのうち、一段落ぶんの文章から五段落ぶんの文章へと、少しずつ長く書けるようになっていく。
◎八歳か九歳までには、幅広い分野で高校レベルの本を読めるようになる（ほとんどの人が昔、無理やり読まされたような、高校の退屈な教科書ではない本）。要は、質のよいほんものの書物を与えることだ。補助教材として、教育的なビデオやテレビ番組を見せれば、家族の絆を強める絶好の機会にもなる。

◎高校レベルの学習や課外活動は、成績証明書に記載できるようすべて記録しておく。
◎地元のどの大学に通いたいか、そして入学したらどんな科目を履修したいのかを話し合っておく。八歳から一〇歳までにそれをしておけば、志望する学科に行くには高校課程でどんな勉強をすればいいか決められるし（たとえば、医学部進学課程に進みたいなら解剖学の本を読んでおくとか、英文学を専攻したいならシェイクスピアを読んでおくといったように）、将来の希望や目標を、大学の授業に結びつけて考えることもできるようになる。
◎八歳か九歳までにSATかACTの受験準備をさせ、一〇歳になって少ししたら、受験の申し込みをして初めての試験を受けさせる。目標は、志望校合格に必要な最低限のスコアを上まわること（プレッシャーを与えないように、結果は親に報告しなくていいことにしてもかまわない）。わが子のことをいちばんよく知っているのは親であり、子どもはひとりひとり違うのだから、こうすればうまくいくとわたしたちが保証することはできない。受験時期が遅くなると受けられる回数がかぎられてくる場合もあるため、前もって計画を立てておいたほうがいい。もしスコアが必要最低限を上まわっていれば、あとでそれを志望大学に送ることができる。
◎〝大学というニンジン〟をぶらさげる。つまり、高校課程を終えてSATかACTで大学進学に必要なスコアが取れたら、すぐにでも大学の授業を受けはじめることができると教えるのだ。
◎「そんなこと、できるわけがない」と否定論者に言わせないようにする。もし言われたら、ハーディング家の子どもたちは実際にやっている、と伝えればいい。子どもの能力を決めるのは神であって親ではない。やる気にさえなれば、子どもは驚くほどの成果を上げる。親が果たすべき役目は、子どもを励まし、生まれ持った能力が目覚めるような経験をさせることだ。

どんな母親でも、わが子の経験になにか足りないものがあるのではないかと心配するものだし、ホームスクーリングで育てている母親ならなおさらだ。これは深刻な問題であり、だれしも子どもの人生を台無しにしたくはない。わたし自身、そのことはいつも真剣に考えてきた。それでも、ただ神のご加護に頼り、おのれの心に従うしかない場面がこれまで何度もあった。二年半おきに次々と赤ん坊が生まれ、軍の転任であちこちへ引っ越すため、へとへとになることも多かった。上の子たちには、自分で解法の手引書を読んで勉強させたり、とにかく自力で解決させたりしておいて、わたしは下の子たちの面倒を見たり、ベッドに倒れ込んだりしたこともある。それでも、わたしの知らないところで、神は子どもたちがまさしく必要としているものを与えてくださっていたのだ。母親としては、ときにうしろめたさを感じもしたが、これまでなんとか乗りきってきた。

ついこのあいだ、嬉しいことがあった。セリーナとロザンナを交えて家族で夕食をとっていたとき、家庭で教育を受けてきた経験をどう思うか、正直な感想を訊いてみたのだ。すると、ふたりが共通して言ったのは、勉強のしかたを学んだということだった。つまり、自分で答えを見つける方法を学び、調べる方法を学び、もし正しくない答えを出しても、正しい答えが見つかるまで探しつづけることを学んだし、間違いをしたあと、それをどう修正していくかを学んだという。

　そういうわけで、子どもの教育になにか穴があったらどうしよう、と心配する母親たちに、わたしはこう言いたい。親は全力を尽くして、わが子がひとりで学んでいける方法を教えよう。そうすれば、たとえ穴があったとしても、子どもはそれを自分自身で埋めていけるようになる。あとは、神のご加護に頼ればいい。

第21章 父親から子どもたちへ

ひとりの男としては、愛すべき妻に恵まれただけでもじゅうぶんだろう。そのうえ、〝頭のいい子どもたち〟にも恵まれた幸福は、どんな言葉でも言いあらわせないほどだ。

ハンナ、わが家がヴァンデンバーグ空軍基地にいたころ、きみはまだ小さな女の子だったね。一緒にバスケットボールの試合に出たことをなつかしく思い出すよ。なんとしても試合に勝とうと、必死にきみのあとを追って走ったものだ。きみの笑顔は、ママの笑顔に負けないくらい、かけがえのないものだった。

ロザンナ、きみの強情なところは父親譲りだ。今はもう伴侶のいる身だけど、パパはきみをずっと見守っているよ。でも、ニューヨークまでお尻をペンペンしにいくのは無理だからね。

セリーナ、海上勤務のとき、きみの幼いころのニックネームが、〝ニナ〟や〝スクリーム・ビーン〟だったことを教えれば、同僚の士官に笑ってもらえると思うよ。きみがいなくて寂しがっている父親には効き目がないけどね！

ヒース、また一緒に釣りに行くと約束してくれないか？　今度はアラスカへは行かないから。

キース、パパのためにきみが音楽を奏でてくれるとき、もしかしたら、天使たちがきみの父親になるべき人物を間違えたのではないかと思ってしまう。きみの作った曲も、きみ自身の誠実さも、この世のものと思えないほど美しいよ。

セス、きみは王様を守る戦士だ。きみの軍隊と闘うことになる相手は気の毒だと思う。

カトリーナ、きみは神の恩恵だと言ってもいい。神は、上の娘たち三人と同じように、きみから始まる三人の娘たちをふたたび授けてくださったのだから。リア王でさえ、こんなに多くの娘を授かることはできなかったんだよ。

マリアンナ、きみはわが家のシンデレラだ。心の広さは、だれもが感心せずにはいられない。暗黒の世界にあっても、きみは明るく輝く光だ。

ロリーナ、きみはなんて立派なレディーだろう。一緒にダンスをするとき、いつもパパの足の上に乗ってくるのだから！

サンダー、にこやかにほほえみ、きらめく瞳をして、力強い正義の味方でいてくれるのはいいことだ。ただし、パパに立ちむかってくるのはやめてくれ……というのは冗談だよ。きみの世界をすべて見せておくれ。

モナ・リサ、ぼくにわかっているのは、高校生のときにきみにキスをしたこと。そして気がつくと、ぼくは結婚して一〇人の子どもを授かり、ラテン音楽のビートが好きになっていた。きみは、ぼくの心の音楽だ！

謝辞

キップから。わたしたち家族がテレビに出演する機会を設けてくれたエージェントのかたがたに感謝したい。NBCの番組「トゥデイ」のコーナー担当ボブ・ドットソン。わが子たちを〝頭のいい子どもたち（Brainy Bunch）〟と名づけてくれたCNN。つねに誠実な対応をしてくれたFOXテレビ。フォリオのスティーヴ。そして、忍耐強く仕事に打ち込んでくれた編集者のターシャ・シモンズ、ライターとして執筆を手伝ってくれたトラビス・スラッシャー、本の出版に尽力してくれたサイモン＆シュスター社のかたがた全員に感謝申しあげる。

わが父、グリン・O・ハーディングへ。だれよりも知恵がありながら、数々の困難を潔く引きうける、そんな父親像を見せてくれたことに感謝する。

わが母、グレース・W・ローレンスへ。母さんの篤い信仰心に、神がさらなる恵みを与えてくださるように。

モナ・リサから。『ピープル』のニッキー、スティーヴ、ヴェサ、コニー、ゲイリー、キース、ペニーに感謝する。
母へ。わたしがまだ幼かった大事な時期に、母親と父親の両方の役割を果たしてくれたことをありがたく思っている。

ヒースから。とても有意義な大学生活を経験させてくれたクラスメートたち全員に感謝したい。

セリーナから。わが家族に、そして親族や近親者を含む全員に感謝する。それから、これまでわたしの友人になってくれた人たちすべてにも。あなたたちひとりひとりのおかげで、わたしの人生は楽しいものだったし、みんなから見ても楽しいものであってほしいと思っている。

訳者あとがき

子どもが飛び級で大学に早期入学したという話は、アメリカではさほど珍しくないが、そういう子たちは、えてして英才教育を受けていたり、生まれつきＩＱが高かったりする。しかし、やりかた次第では、ごくふつうの子どもが一二歳までに大学に入学できることもあるのだ。

本書は、一〇人の子どもたちをホームスクーリングで育てている家族の話である。子どもが一〇人いるだけでも驚くのに、その子どもたち全員を両親が家庭で教育し、すでに上の六人が一二歳までに大学に入学しているというから、なお驚く。とはいえ、重要なのは何歳で大学に入ったかではなく、子ども自身がみずから打ち込むべき分野を見つけ、それをさらに深めたいという気持ちを一〇歳前後で強く持っていることだ。

「ホームスクーリング」と聞いて、すぐにイメージが浮かぶ人は日本では少ないかもしれないが、実は今、ホームスクーリングが世界じゅうにじわじわと浸透しつつある。ホームスクーリングというのは、基本的に、学校には通わず家庭で親が子どもの勉強をみるシステムのことだ。

ホームスクーリングがもっとも盛んなのはアメリカだが、そのアメリカでさえ、わずか二、三〇年ほど前まではホームスクーリングに理解を示す人が少なく、わが子を家庭で教育する権利を得るため、訴訟まで行なわれていた。そうしたいきさつがあって、ホームスクーリングは徐々に広まっていき、現在では全州で合法化されている。そのうえ、ホームスクーリング家庭を法的に支援するための民間団体や、ホームスクーリング向けの教科書を専門に販売する業者まであるという。そもそも、アメリカでホームスクーリングが行われるようになったのは、宗教的な理由が大きい。それぞれの家庭の価値観にもとづいて子どもを教育したいという思いが最初にあったのだ。最近では、学校でのいじめや暴力、教員の質の低下、健康上の理由からもホームスクーリングを選択するケースが飛躍的に増えている。また、学力の面でも、公立学校に通う生徒よりも平均的な成績がよい、というデータが出ているようだ。

本書を読むと、アメリカの大学教育のシステムが非常に柔軟であることがわかる。高校生のうちに「二重登録」で大学の授業を何科目かだけ受講することもできるし、まずは入学しやすい二年制のコミュニティ・カレッジで必要な単位を取得してから、四年制大学に編入する方法もある。

とはいえ、アメリカの大学は入学するよりも卒業するほうがはるかに難しい。宿題は大量に出されるし、評価も厳しく落第させられることさえある。たとえ一二歳で入学できたとしても、授業についていくのは大変なのだ。だから、ハーディング家の子どもたちが大学に早期入学できたことよりも、むしろきちんと卒業できたことに注目すべきかもしれない。もちろん、親のほうにも相当な覚悟が必要である。ハーディング家の両親は、子どもたちひとりひとりに合わせたカリキュラムを組んで高校の課程を修了させ、大学に入学したらしたで、本人がきちんと勉強しているかどうかを丹念に確認し、大学までは車で送っていき、教室のうしろで見守ったり、駐車場で待っていたりもするのだ。

ハーディング家の子育ての信条は、意外なほど素朴である。たとえば、「夕食は家族で必ずともにする」、「親子で頻繁に会話を交わす」、「きょうだい全員が家事を分担し、家族の一員としての自覚を持つ」など。もしかしたら、一二歳までに大学に入る秘訣というのは、なにも子どもがとくに優秀だとか、親が飛びぬけて教育熱心だとか、使用する教材が特別だとかではなく、こうした家族の結びつきにこそあるのかもしれない。

「わが子たちは天才ではない。どこにでもいる、ごくふつうの子どもたちだ」と著者は繰り返し述べている。なるほど、そうかもしれない、と思わせてくれるのは、ほぼ一章ごとに挟み込まれる子どもたちのレポートだ。各年齢の視点から語られるこのレポートには、「勉強が早く終わればそのぶん早く遊びに行ける」など、子どもらしい本音があらわれていてほほえましい。ホームスクーリングを子どもの側からも描くことで、ハーディング家の物語は奥行のあるものになったのではないだろうか。

もし日本でホームスクーリングをするとしたら、と考えてみると、日米の教育システムの違いを別にしても、できない理由がいくつも思い浮かぶ。しかし、ホームスクーリングをするかしないかという問題を超えたもっと大きな枠組みで、本書はわたしたちの価値観を揺さぶってくれる。学校の役割とはなにか。勉強はほんとうに学校でなければできないのか。学校とは、なにがなんでも行かなければならない場所なのか。もしかしたら、わたしたちは膨大な時間を、教室にただじっと座っていることに費やしてきたのではないか……。

現在、学校に行けなくて悩んでいる子やその両親に、「こんな方法もあるのか」と知ってもらうことで、ほんの小さな風穴をあける役目が果たせれば、訳者としてこれほど嬉しいことはない。

なお、原書のタイトルは"The Brainy Bunch"で、日本語にすると「頭のいい子どもたち」とでもなるだろうが、これはハーディング一家がメディアに取りあげられた際、ディレクターが考案したキャッチフレーズを、むしろ皮肉るつもりでそのまま書名にしたものだという。一家がテレビ出演した際の模様は、www.thebrainybunchbook.com で見ることができる。

最後に、本書を翻訳する機会を与えてくださった紀伊國屋書店出版部の有馬由起子さんに深く感謝したい。ていねいで、しかも軽やかなその仕事ぶりには驚かされるばかりだった。

向井和美

二〇一五年四月

土曜日

5 am	
6 am	
7 am	**ヒース** 家で仕事 （アブストラクト・アート） 7:00am-3:00pm
8 am	
9 am	
10 am	
11 am	
12 pm	
1 pm	
2 pm	
3 pm	
4 pm	
5 pm	
6 pm	
7 pm	
8 pm	
9 pm	
10 pm	

金曜日

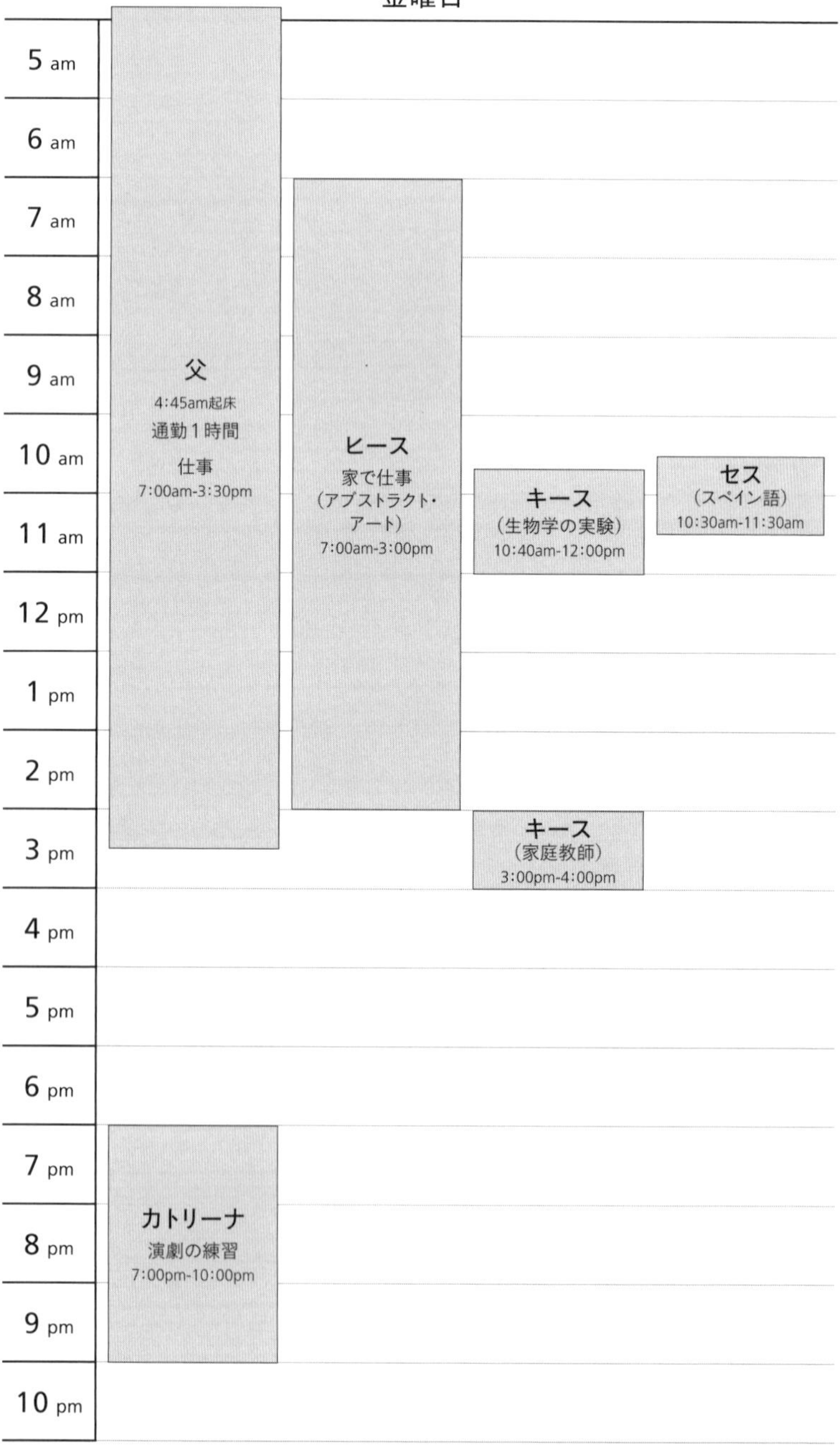

5 am
6 am
7 am
8 am
9 am
10 am
11 am
12 pm
1 pm
2 pm
3 pm
4 pm
5 pm
6 pm
7 pm
8 pm
9 pm
10 pm
父
4:45am起床
通勤1時間
仕事
7:00am-3:30pm
ヒース
家で仕事
（アブストラクト・
アート）
7:00am-3:00pm
キース
（生物学の実験）
10:40am-12:00pm
セス
（スペイン語）
10:30am-11:30am
キース
（家庭教師）
3:00pm-4:00pm
カトリーナ
演劇の練習
7:00pm-10:00pm

木曜日

5 am
6 am
7 am
8 am
9 am
10 am
11 am
12 pm
1 pm
2 pm
3 pm
4 pm
5 pm
6 pm
7 pm
8 pm
9 pm
10 pm

父
在宅勤務
7:00am-3:30pm

カトリーナ
演劇の練習
7:00pm-10:00pm

ヒース
（仕事）
9:30am-2:00pm

ヒース
家庭教師
3:00pm-7:30pm

キース
（生物学）
8:30am-9:50am

キース
（聖歌隊）
10:00am-10:30am
（昼食）
10:30am-12:10pm
（合唱団）
12:10pm-1:00pm

キース
（スペイン語）
1:40pm-3:00pm

キース
（合奏団）
3:10pm-4:30pm

セス
（歴史／アメリカ
政治／聖書）
8:00am-12:15pm

水曜日

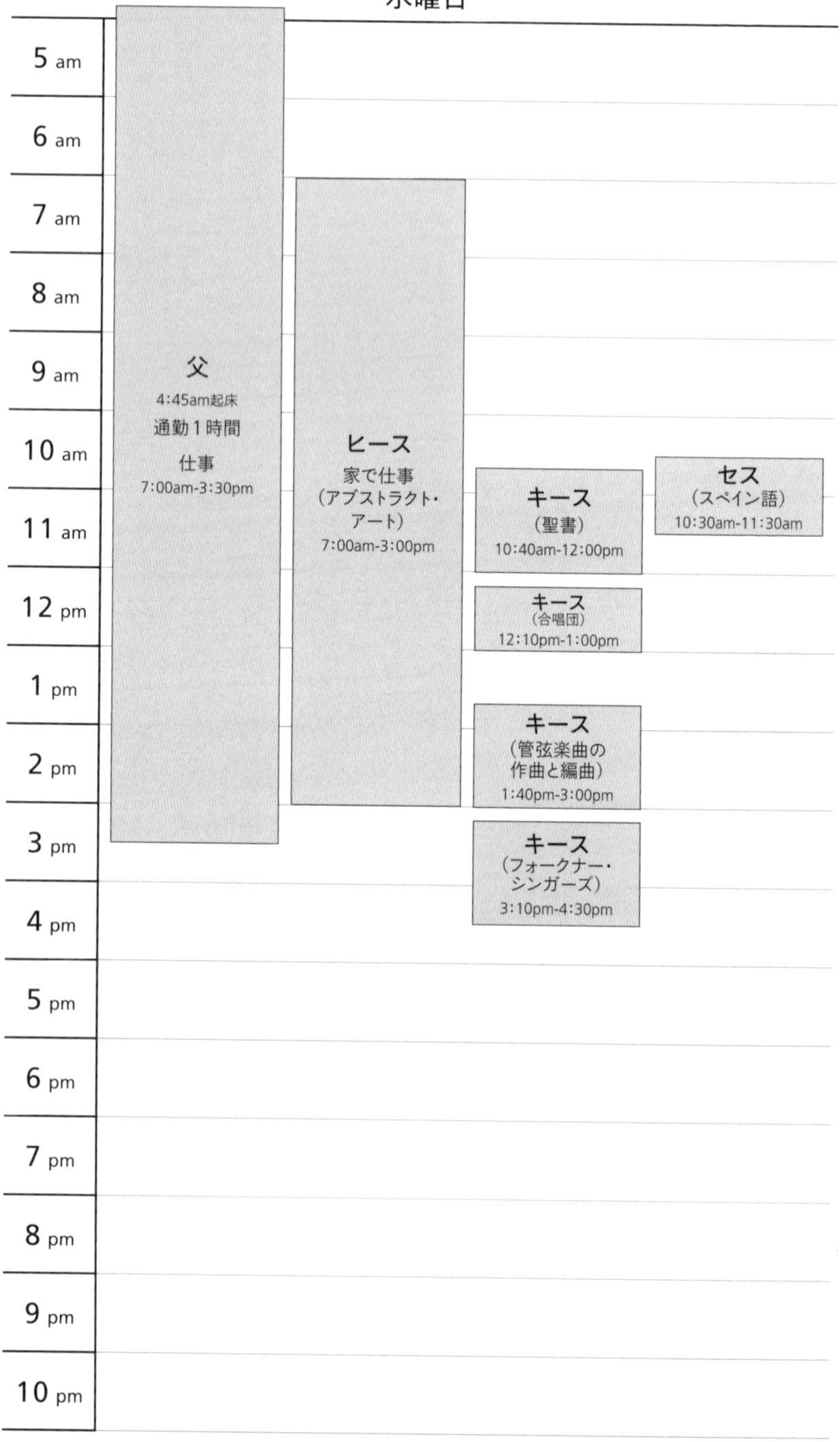

5 am
6 am
7 am
8 am
9 am
10 am
11 am
12 pm
1 pm
2 pm
3 pm
4 pm
5 pm
6 pm
7 pm
8 pm
9 pm
10 pm
父
4:45am起床
通勤１時間
仕事
7:00am-3:30pm
ヒース
家で仕事
（アブストラクト・
アート）
7:00am-3:00pm
キース
（聖書）
10:40am-12:00pm
セス
（スペイン語）
10:30am-11:30am
キース
（合唱団）
12:10pm-1:00pm
キース
（管弦楽曲の
作曲と編曲）
1:40pm-3:00pm
キース
（フォークナー・
シンガーズ）
3:10pm-4:30pm

火曜日

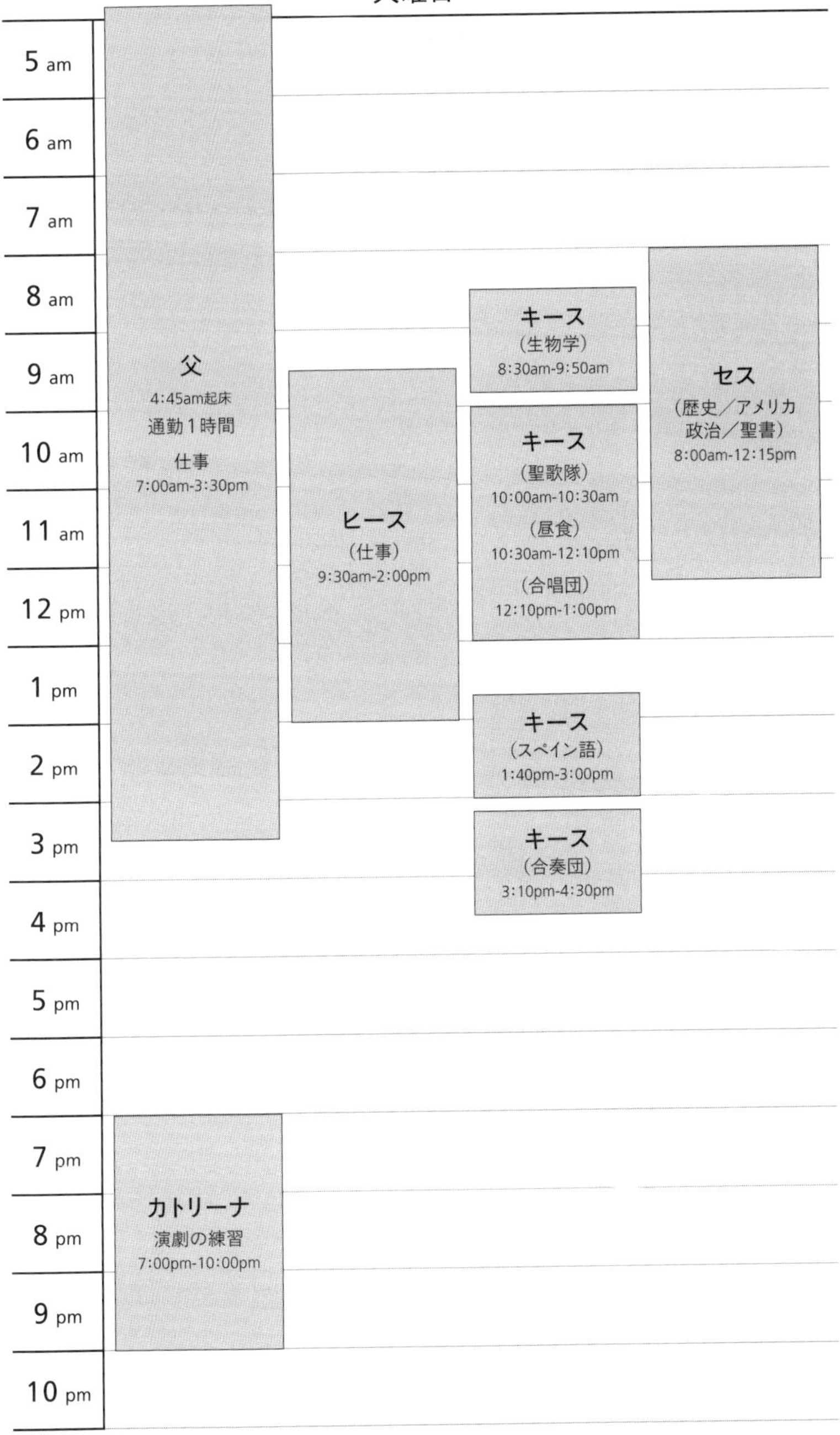
5 am
6 am
7 am
8 am
9 am
10 am
11 am
12 pm
1 pm
2 pm
3 pm
4 pm
5 pm
6 pm
7 pm
8 pm
9 pm
10 pm
父
4:45am起床
通勤1時間
仕事
7:00am-3:30pm
ヒース
(仕事)
9:30am-2:00pm
キース
(生物学)
8:30am-9:50am
キース
(聖歌隊)
10:00am-10:30am
(昼食)
10:30am-12:10pm
(合唱団)
12:10pm-1:00pm
キース
(スペイン語)
1:40pm-3:00pm
キース
(合奏団)
3:10pm-4:30pm
セス
(歴史/アメリカ政治/聖書)
8:00am-12:15pm
カトリーナ
演劇の練習
7:00pm-10:00pm

月曜日

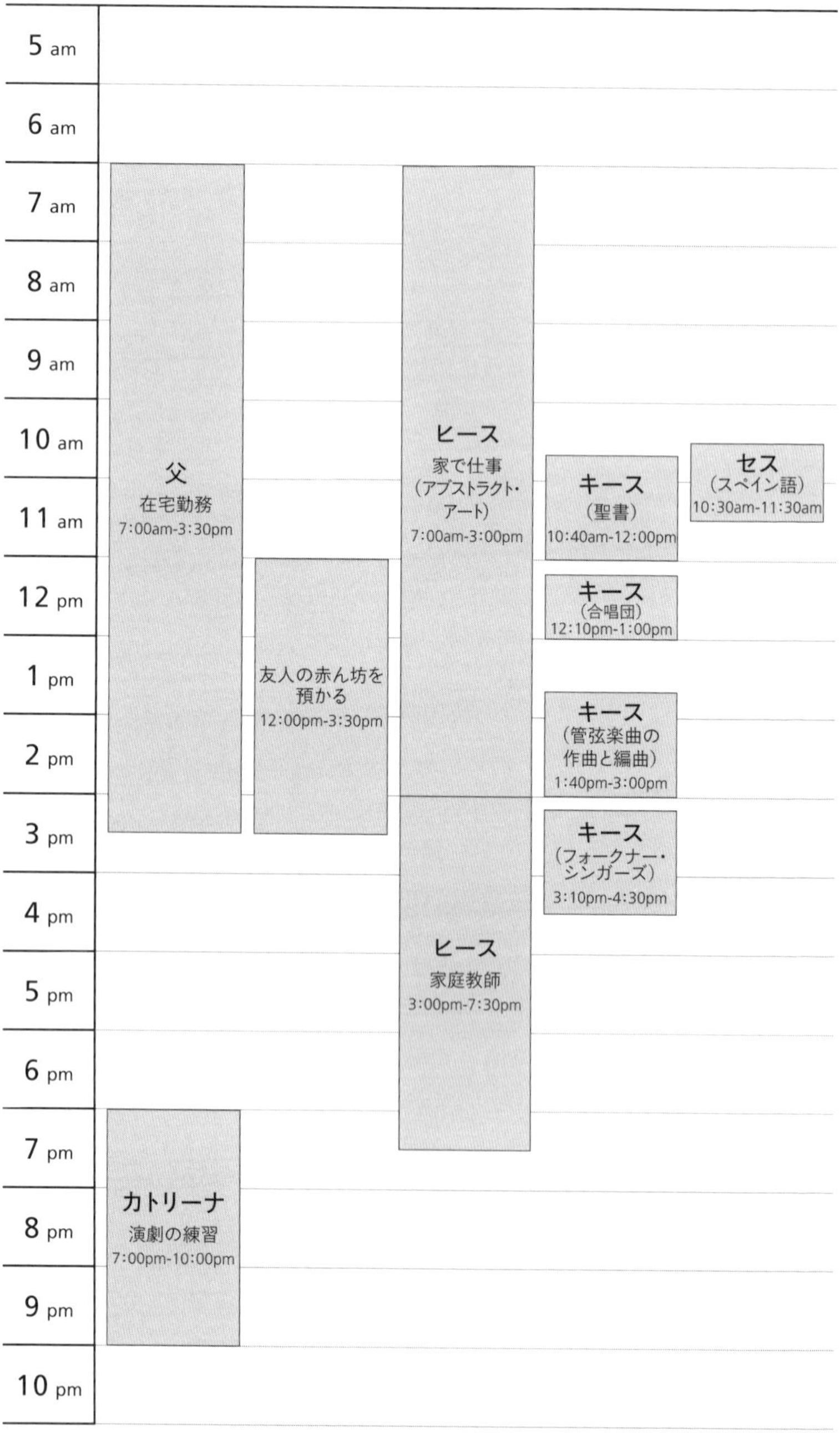
5 am
6 am
7 am
8 am
9 am
10 am
11 am
12 pm
1 pm
2 pm
3 pm
4 pm
5 pm
6 pm
7 pm
8 pm
9 pm
10 pm
父
在宅勤務
7:00am-3:30pm
友人の赤ん坊を預かる
12:00pm-3:30pm
ヒース
家で仕事
（アブストラクト・アート）
7:00am-3:00pm
ヒース
家庭教師
3:00pm-7:30pm
キース
（聖書）
10:40am-12:00pm
キース
（合唱団）
12:10pm-1:00pm
キース
（管弦楽曲の作曲と編曲）
1:40pm-3:00pm
キース
（フォークナー・シンガーズ）
3:10pm-4:30pm
セス
（スペイン語）
10:30am-11:30am
カトリーナ
演劇の練習
7:00pm-10:00pm

日曜日

5 am	
6 am	
7 am	
8 am	
9 am	日曜学校 9:00am-10:00am
10 am	教会 10:15am-11:30am
11 am	
12 pm	
1 pm	
2 pm	アルティメット・フリスビー ヒース／キース／セス 2:00pm-4:00pm
3 pm	教会のボランティア活動 3:45pm-5:00pm
4 pm	
5 pm	AWANA キース／マリアンナ／ロリーナ／サンダー 5:30pm-7:00pm
6 pm	
7 pm	
8 pm	
9 pm	
10 pm	

XXXXXアカデミー公式成績証明書

生徒氏名:
生年月日:
社会保障番号: XXX-XX-XXXX

教会カバースクール名:
XXXXXX
私書箱XXXX
郵便番号、州、市

履修学年	科目	単位	成績	課外活動
9年生	聖書	1		AYSOサッカー チェス・クラブ AWANA
	代数学基礎	1		
	国語1(作文基礎)	1		
	一般理科	1		
	社会科1	0.5		
	世界史	1		
	体育	0.5		
	美術	0.5		
		6.5		
10年生	聖書	1		ビクトリー・スポーツ協会 チェス・クラブ AWANA
	代数学1	1		
	国語2(文章創作)	1		
	進化論/創造科学	1		
	スペイン語1	1		
	体育	0.5		
	地理	1		
		6.5		
11年生	聖書	1		AWANA AYSOサッカー
	代数学2	1		
	国語3(小論文)	1		
	生物学	1		
	家庭科	0.5		
	アメリカ史	1		
	体育	0.5		
	ACT受験勉強	1		
		7.0		
12年生	聖書	1		AWANA
	幾何学	1		
	国語4(大学入学準備)	1		
	経済学	1		
	解剖学/生理学	1		
	アメリカ政治	1		
	体育−テニス	0.5		
	トランペット初歩	0.5		ACTの得点: XX 高校長名
		7.0		
	合計単位	27.0		←学業成績平均値(GPA)

卒業年月日:

XXXアカデミー公式成績証明書

生徒氏名:
20XX〜20XX年度
社会保障番号: XXX-XX-XXXX

教会カバースクール名:
XXXXXX
私書箱XXXX
郵便番号、州、市

履修学年	科目	単位	成績	課外活動
9年生	聖書	1		AYSOサッカー チェス・クラブ
	代数学基礎	1		
	国語1(作文基礎)	1		
	一般理科	1		
	社会科1	0.5		
	ピアノ1	0.5		
	体育	0.5		
	コンピュータ・アプリケーション基礎	1		
		6.5		
10年生	聖書	1		ビクトリー・スポーツ協会 チェス・クラブ AWANA
	代数学1	1		
	国語2(文章創作)	1		
	進化論/創造科学	1		
	バイオリン初歩	1		
	体育	0.5		
	合唱団	1		
		6.5		
11年生	聖書	1		AWANA AYSOサッカー
	代数学2	1		
	国語3(小論文)	1		
	生物学	1		
	バイオリン上級	0.5		
	アメリカ史	1		
	体育	0.5		
	音楽鑑賞	1		
		7.0		
12年生	聖書/世界史	1		AWANA ペットの世話/動物の世話
	幾何学	1		
	国語4(大学入学準備)	1		
	化学	1		
	スペイン語1	1		
	アメリカ政治	1		
	体育−テニス	0.5		
	クラリネット初歩	0.5		高校長名
		7.0		
	合計単位	27.0		←学業成績平均値(GPA)

卒業年月日:

●著者紹介

キッチナー・ハーディング
モナ・リサ・ハーディング

夫妻は高校を卒業してすぐに結婚し、親になった。長女が小学校3年生を終えたとき、転居を機に、子どもたちをそれぞれの個性やペースに合わせて家庭で教育することにした。10人の子どものうち、上の6人が12歳までに大学に入り、現在20代前半になった年長の子どもたちは、エンジニア、医師、建築士などの専門職として様々な分野で活躍している。ハーディング一家は、NBCテレビの情報番組「トゥデイ」、FOXテレビ「フォックス&フレンズ」などのメディアで紹介され、反響を呼んだ。

●訳者紹介

向井和美（むかい・かずみ）

京都府出身。早稲田大学第一文学部卒業。翻訳家。訳書に、ヘルゴー『内向的な人こそ強い人』（新潮社）、バジーニ『100の思考実験——あなたはどこまで考えられるか』（紀伊國屋書店）ほかがある。

学校に通わず12歳までに6人が大学に入ったハーディング家の子育て

二〇一五年六月一二日　第一刷発行

著　者　キッチナー・ハーディング　モナ・リサ・ハーディング
訳　者　向井和美
発行所　株式会社紀伊國屋書店
東京都新宿区新宿三 - 一七 - 七
出版部［編集］　電話　〇三（六九一〇）〇五〇八
ホールセール部［営業］　電話　〇三（六九一〇）〇五一九
〒一五三 - 八五〇四　東京都目黒区下目黒三 - 七 - 一〇

装　丁　木庭貴信＋川名亜実（オクターヴ）
印刷・製本　図書印刷

Printed in Japan ISBN978-4-314-01128-0 C0037
＊定価は外装に表示してあります